"La semplicità è l'ultima sofisticazione"
- *Leonardo Da Vinci*

Grazie Per Aver Investito Il Tuo Tempo Prezioso In Questo Libro!

Dopo che questo libro è stato ordinato abbiamo chiesto ai nostri specialisti di regolare la nostra macchina tipografica in base all'originale di Gutenberg per creare questo libro appositamente per te. L'odore dell'inchiostro appena stampato fluttuava nell'aria dell'intera azienda. Con guanti antimicrobici naturali il Tuo libro è stato delicatamente preso dal torchio tipografico e messo sotto il più aggiornato microscopio elettronico. Un team di sette specialisti di libri ha ispezionato il Tuo libro e ha lucidato la copertina per assicurarsi che fosse in condizioni impeccabili prima della spedizione. Due maestri zen del Tibet hanno recitato un sutra protettivo prima di mettere il Tuo libro nella più fine confezione di cartone che fosse disponibile nel paese. In seguito abbiamo tutti fatto una meditazione a lume di candela e l'intero team ha detto "Arrivederci!" al tuo pacchetto quando è stato messo nella lunga limousine nera diretta all'ufficio postale. Là il nostro jet privato relaxation4.me stava già aspettando per prendersi cura del Tuo pacchetto e volare direttamente verso la Tua adorabile casa.

Speriamo che Ti godrai questo libro e che avrai molte ore di divertimento insieme ad esso. Per commemorazione abbiamo messo la Tua foto sul nostro muro come "Cliente del Mese". Siamo esausti ma non vediamo l'ora che tu ritorni su relaxation4.me!

Grazie, grazie, grazie!

Hansi, presidente, relaxation4.me
il piccolo editore con i migliori Libri da Colorare per i Grandi per il Sollievo dallo Stress

www.relaxation4.me

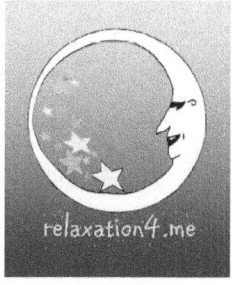

relaxation4.me

Lo stress è uno dei temi centrali del 21. secolo. Quasi la totalità della popolazione ne risente. Riflettendo sulla domanda, come possiamo dare un contributo a migliorare questa situazione, siamo incorsi su questi libri da colorare per adulti. Ci sono davvero tanti che amano questo tipo di libri perché è talmente facile dimenticarsi delle giornate stressanti mentre si colora. Così abbiamo deciso di pubblicare i nostri libri.

www.relaxation4.me

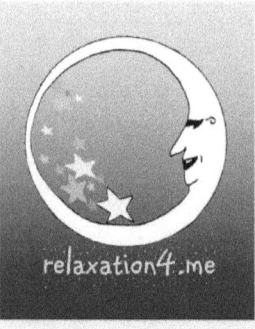

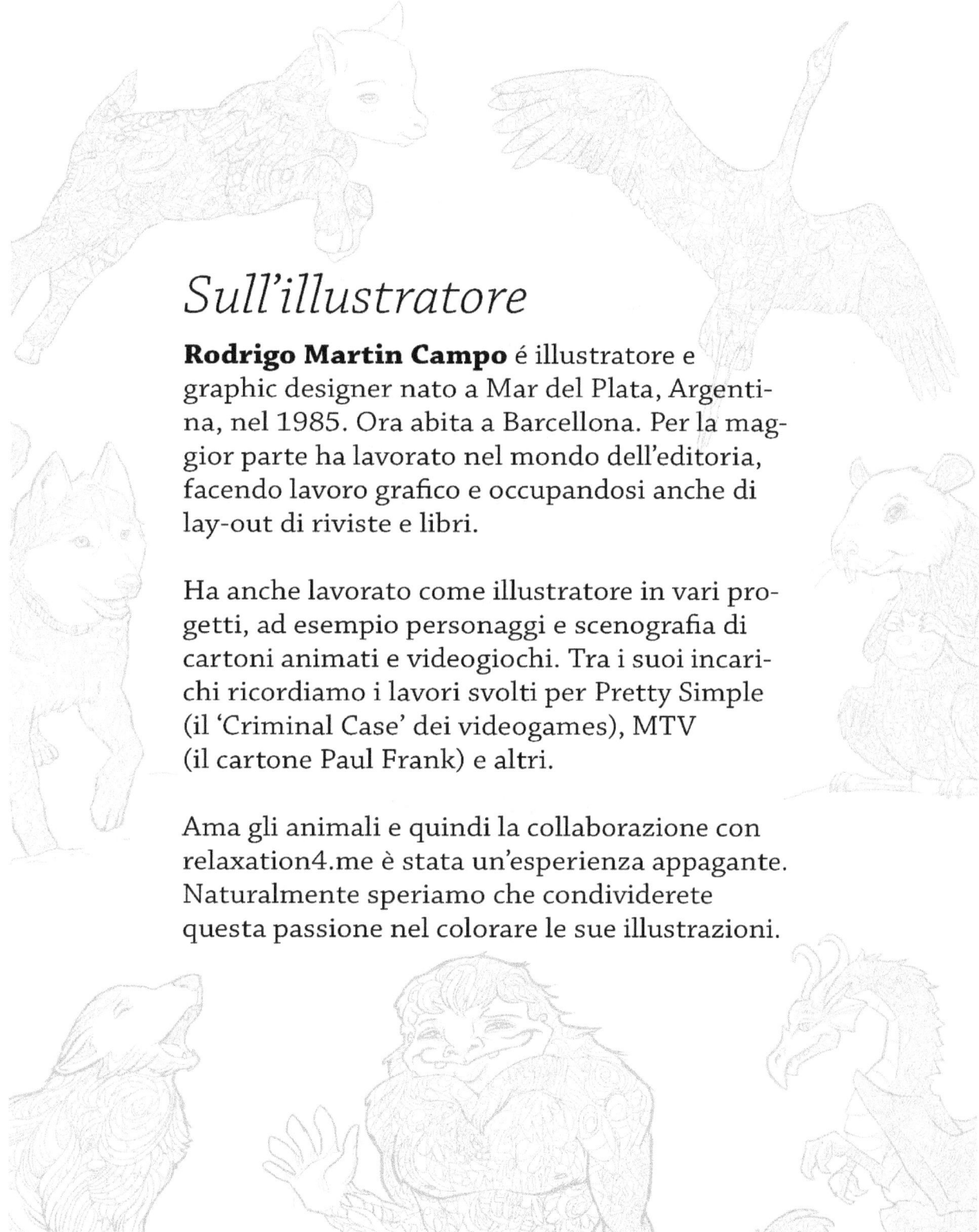

Sull'illustratore

Rodrigo Martin Campo é illustratore e graphic designer nato a Mar del Plata, Argentina, nel 1985. Ora abita a Barcellona. Per la maggior parte ha lavorato nel mondo dell'editoria, facendo lavoro grafico e occupandosi anche di lay-out di riviste e libri.

Ha anche lavorato come illustratore in vari progetti, ad esempio personaggi e scenografia di cartoni animati e videogiochi. Tra i suoi incarichi ricordiamo i lavori svolti per Pretty Simple (il 'Criminal Case' dei videogames), MTV (il cartone Paul Frank) e altri.

Ama gli animali e quindi la collaborazione con relaxation4.me è stata un'esperienza appagante. Naturalmente speriamo che condividerete questa passione nel colorare le sue illustrazioni.

Per un Social Media Più Bello

Vogliamo migliorare l'aspetto di internet con il Tuo aiuto. Inviaci i Tuoi capolavori colorati a info@relaxation4.me o sulla nostra Pagina Facebook e li mostreremo al pianeta.

Non essere timido, ispira gli altri!

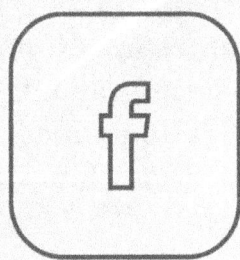

www.facebook.com/relaxation4me

www.instagram.com/relaxation4.me

Il Flusso del Colore

Il Flusso del Colore Ti aiuterà a trovare sollievo dallo stress, concentrarti di più, raggiungere una sensazione di serenità, essere fuori dal tempo, migliorare la Tua coordinazione mano-occhio, dare una spinta alla Tua creatività e, in generale, a rimetterti in salute.

 **Trova.**   Trova un posto bello e confortevole.

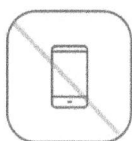 **Spegni.**   Spegni i dispositivi elettronici che disturbano.

 **Colora.**   Trova la Tua illustrazione preferita e inizia a colorare.

 **Rigenera.**   Senti lo stress che si allontana e il rilassamento che attraversa il Tuo corpo, goditi il momento.

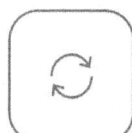 **Ripeti.**   Fai una pausa e ripeti quando vuoi.

Consigli Dai Professionisti

Rimani Affilato – Per essere in grado di arrivare negli spazi più stretti e sui margini, assicurati sempre di fare bene la punta alle tue matite colorate.

Provalo – Non sottovalutare la sperimentazione dei colori su un pezzettino di carta. Provali e vedi se il risultato è proprio il colore che vorresti usare.

Fuori Dalle Righe – Non esitare a colorare al di fuori dei margini. È la Tua arte e di nessun altro.

Doppio Strato – Metti un pezzo di carta sotto l'illustrazione che stai per colorare per evitare sbavature oltre il foglio.

Umore Colorato – Colori diversi esprimono e influenzano diverse emozioni ed umori. I colori come il viola, il verde, il blu hanno un effetto calmante. Puoi usarli se vuoi rilassarti (letteralmente). I colori accesi servono a dare energia, perciò scegli questi colori se vuoi una piccola spinta interiore. I colori caldi come il giallo, l'arancione e il rosso mettono un po' di pepe. Puoi provare questi colori per illuminare il Tuo cattivo umore. Anche i colori scuri possono portare energia rilassante e puoi usarli per far calmare la Tua mente iperattiva. Le tinte chiare e pastello aiutano a lenire l'anima e comunicano anche morbidezza.

Ripresa Giornaliera – Colora ogni giorno per almeno 15 minuti per ottenere un generale effetto positivo e rilassante sulla tua vita. Non sono le cose che facciamo una volta a cambiare la nostra vita, ma quelle che facciamo regolarmente.

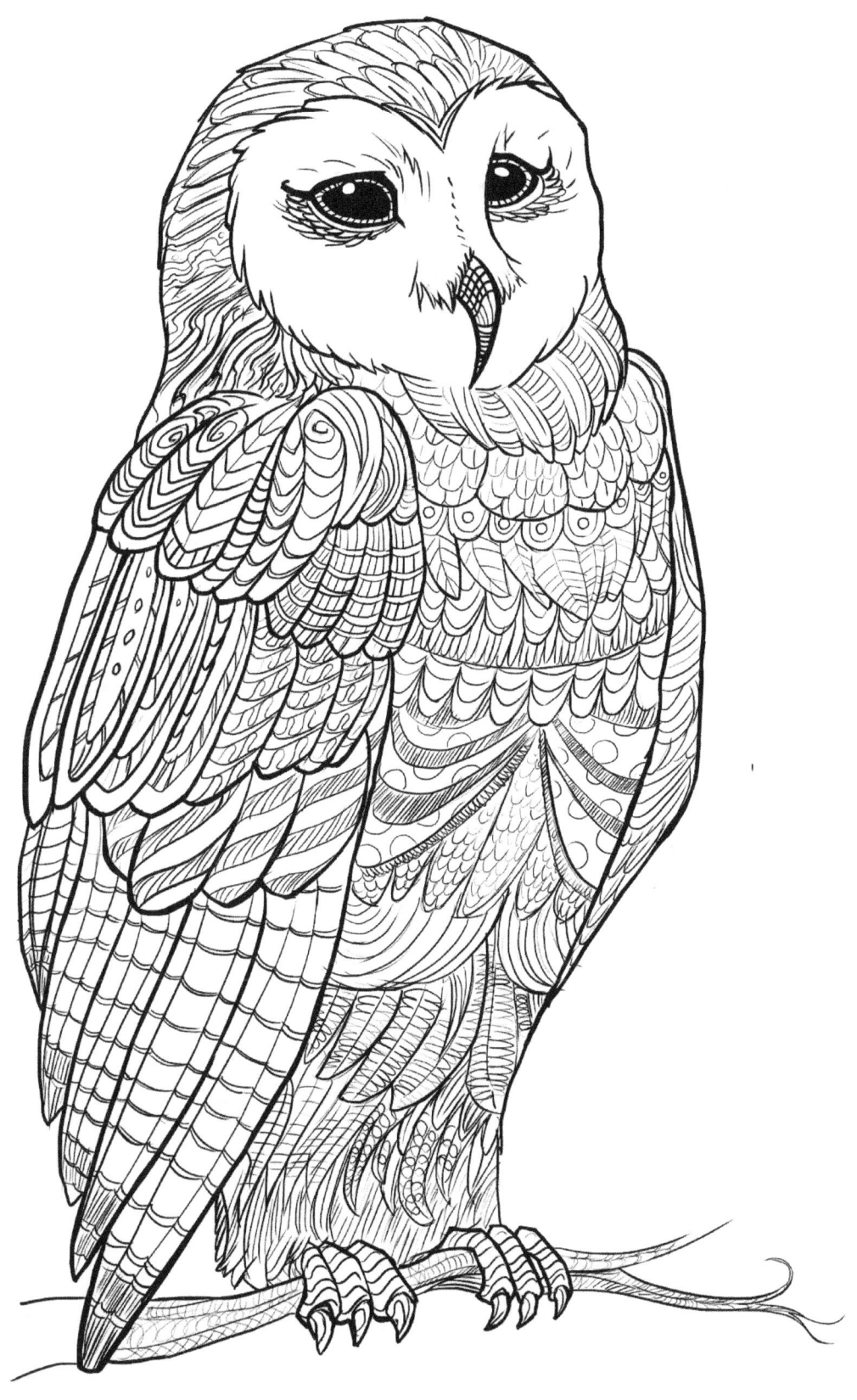

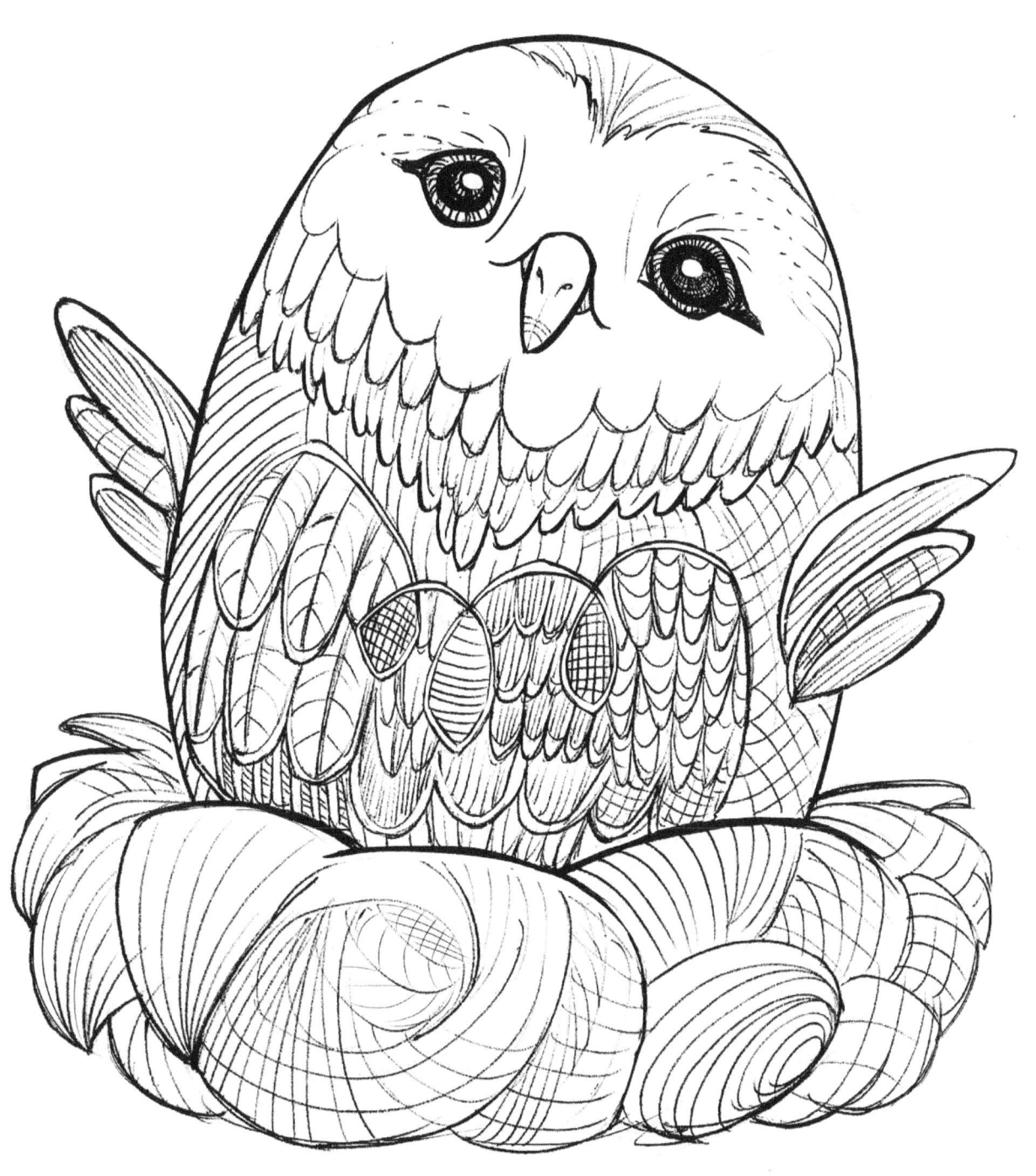

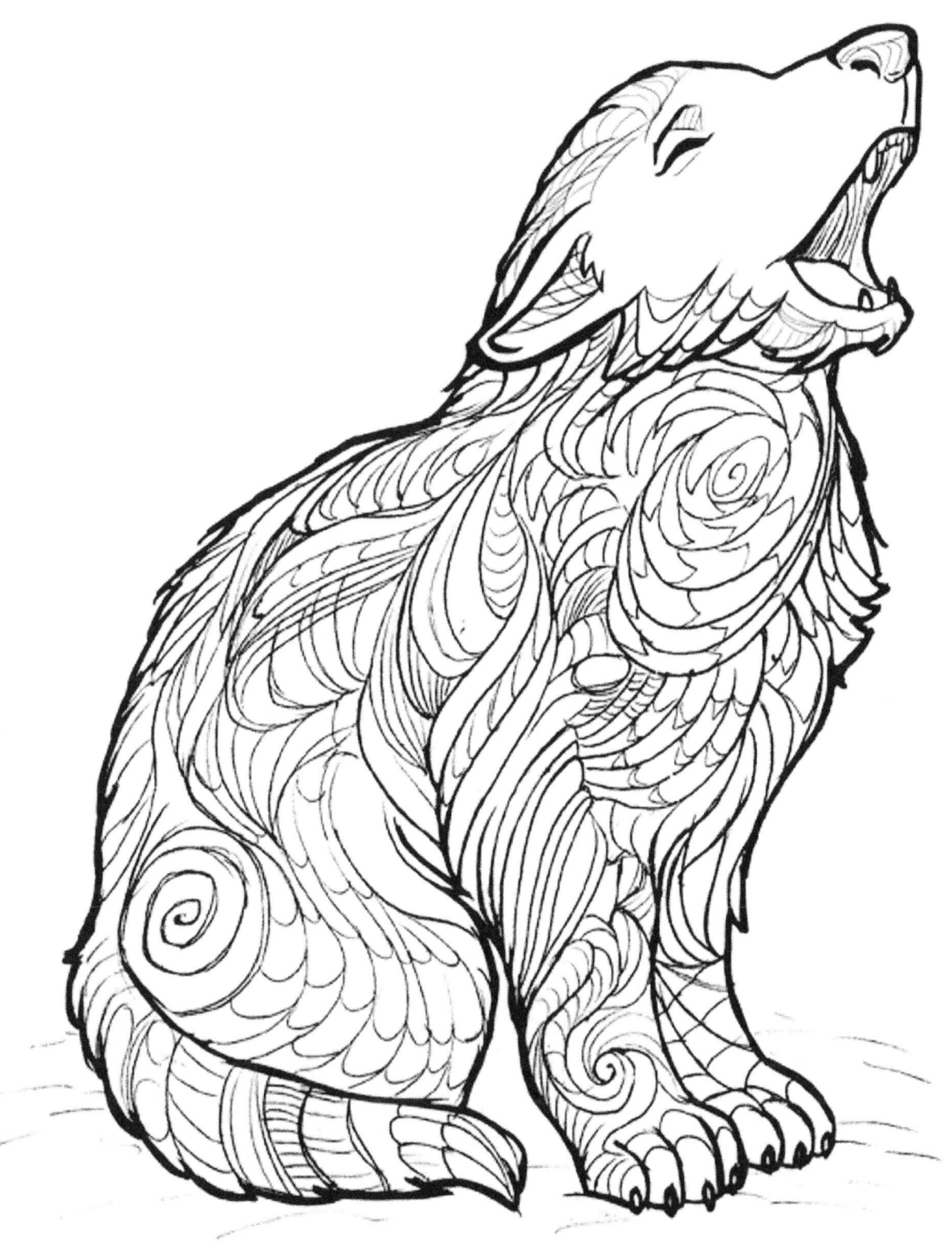

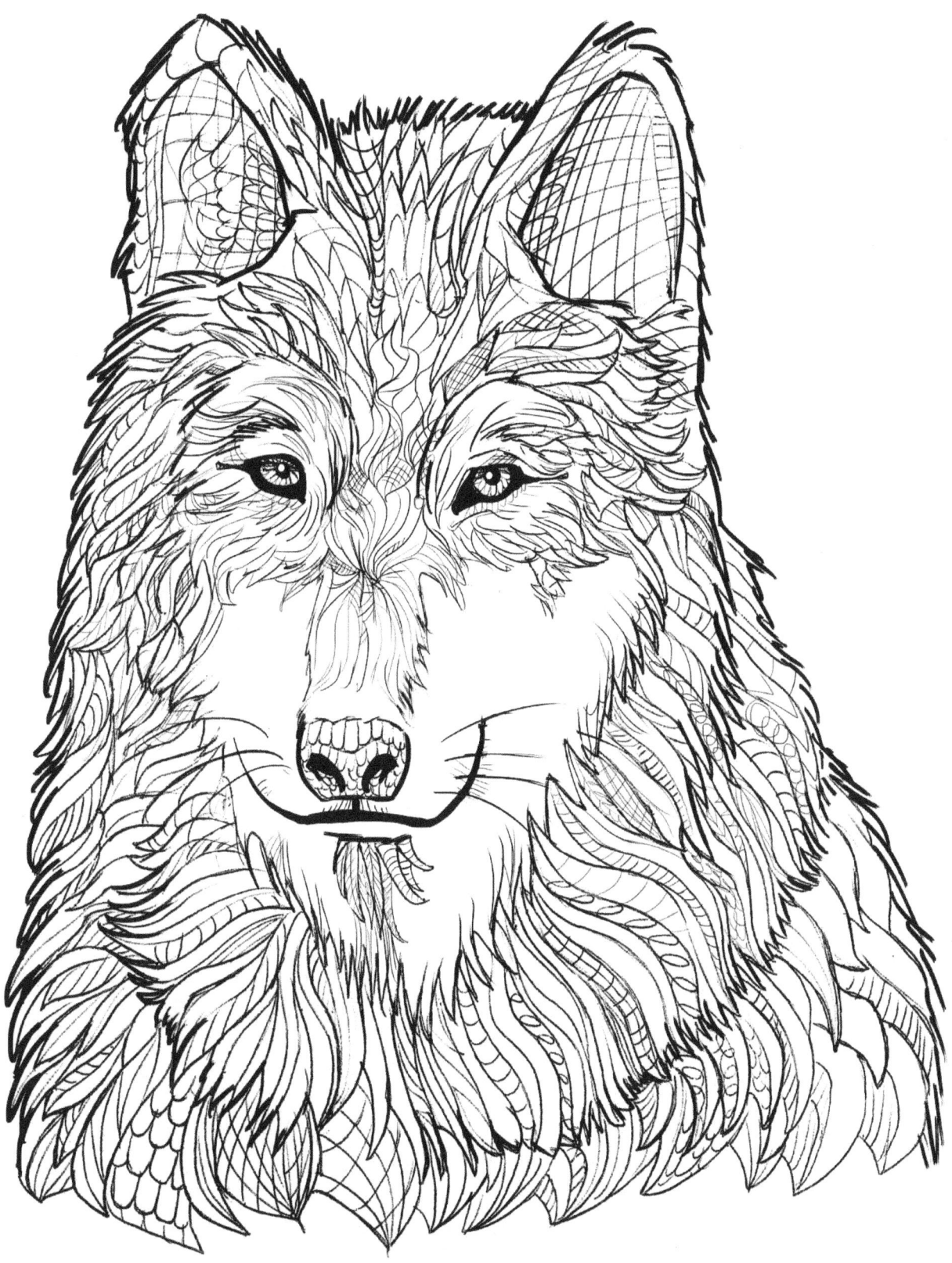

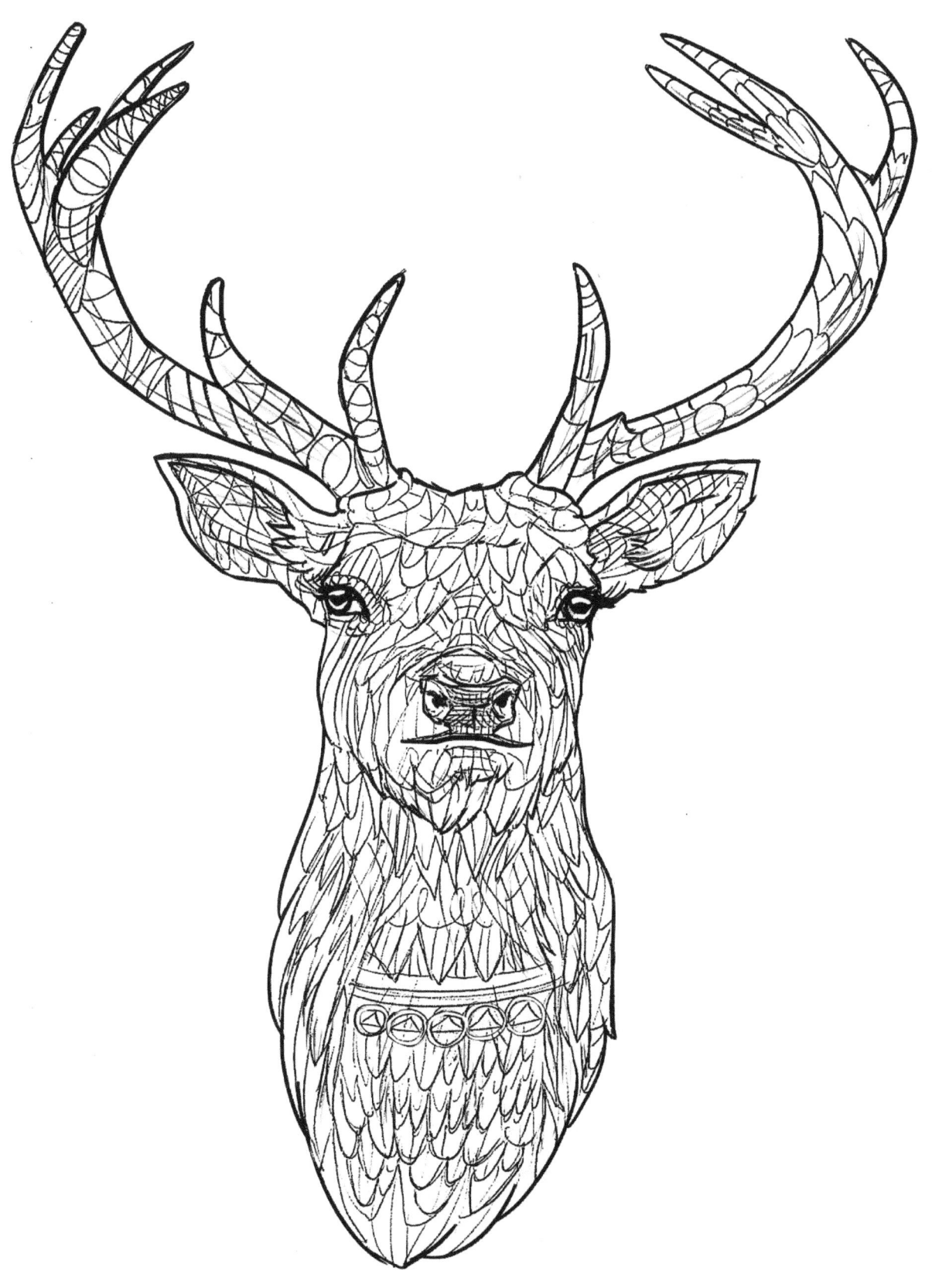

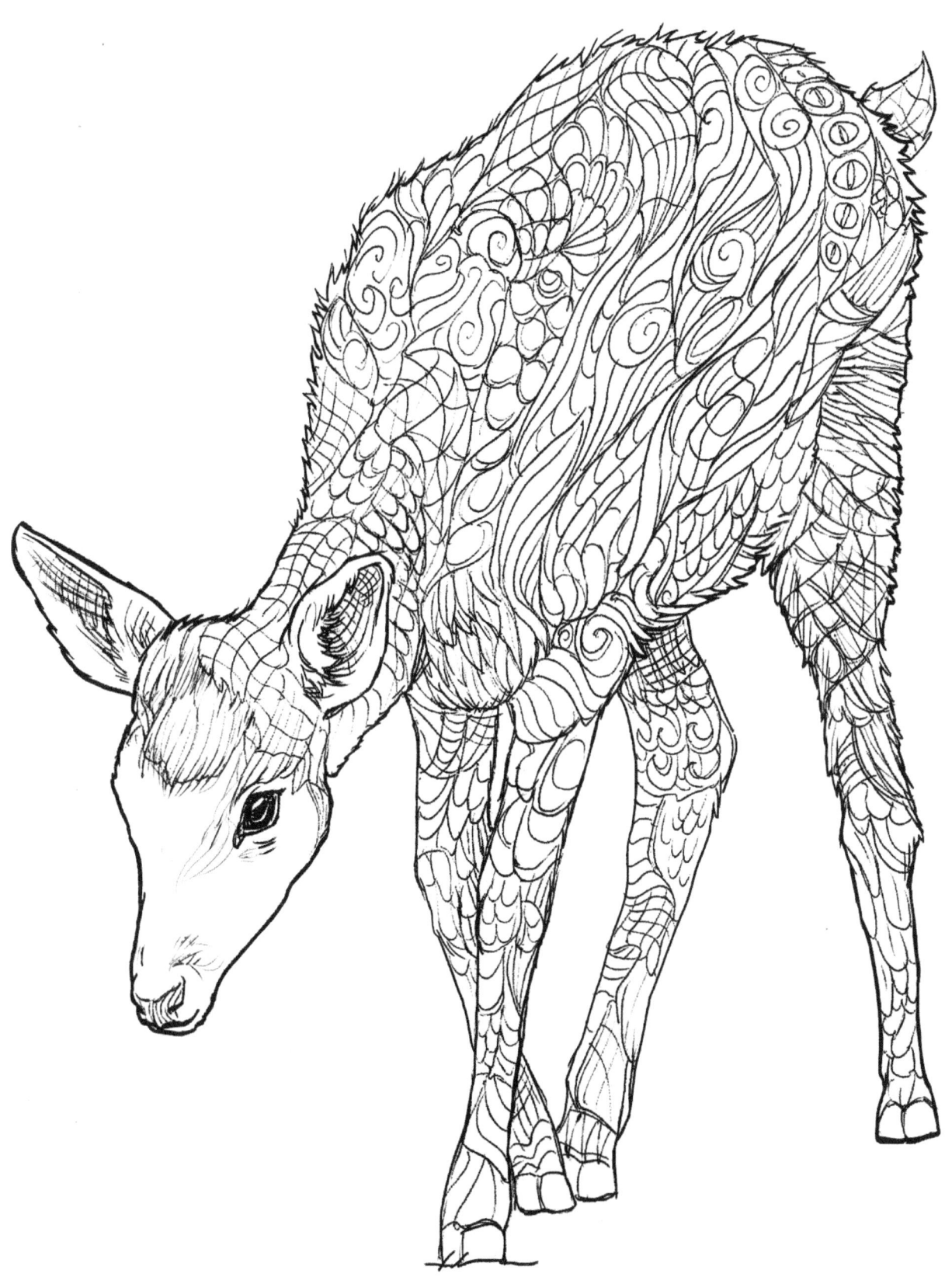

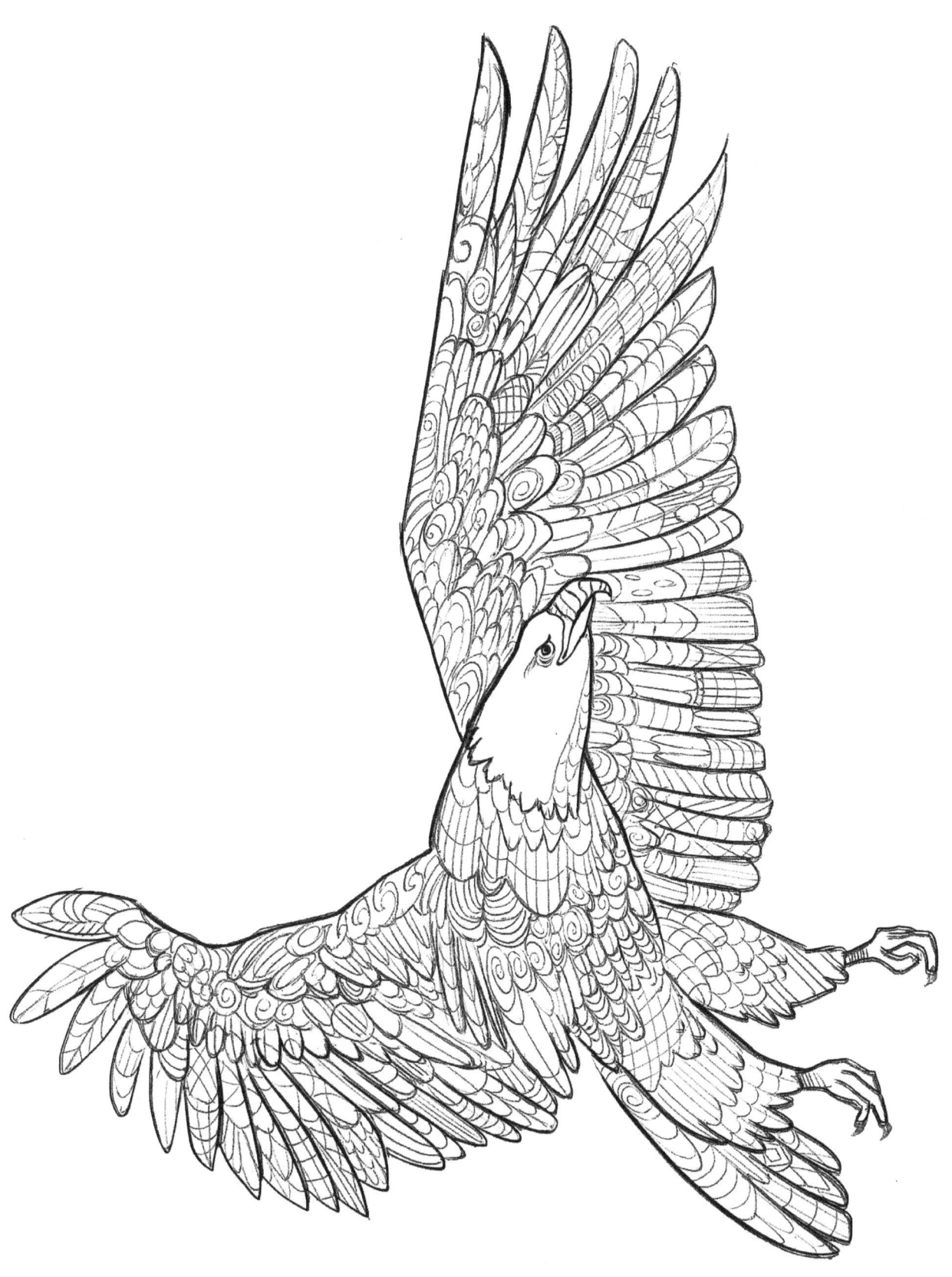

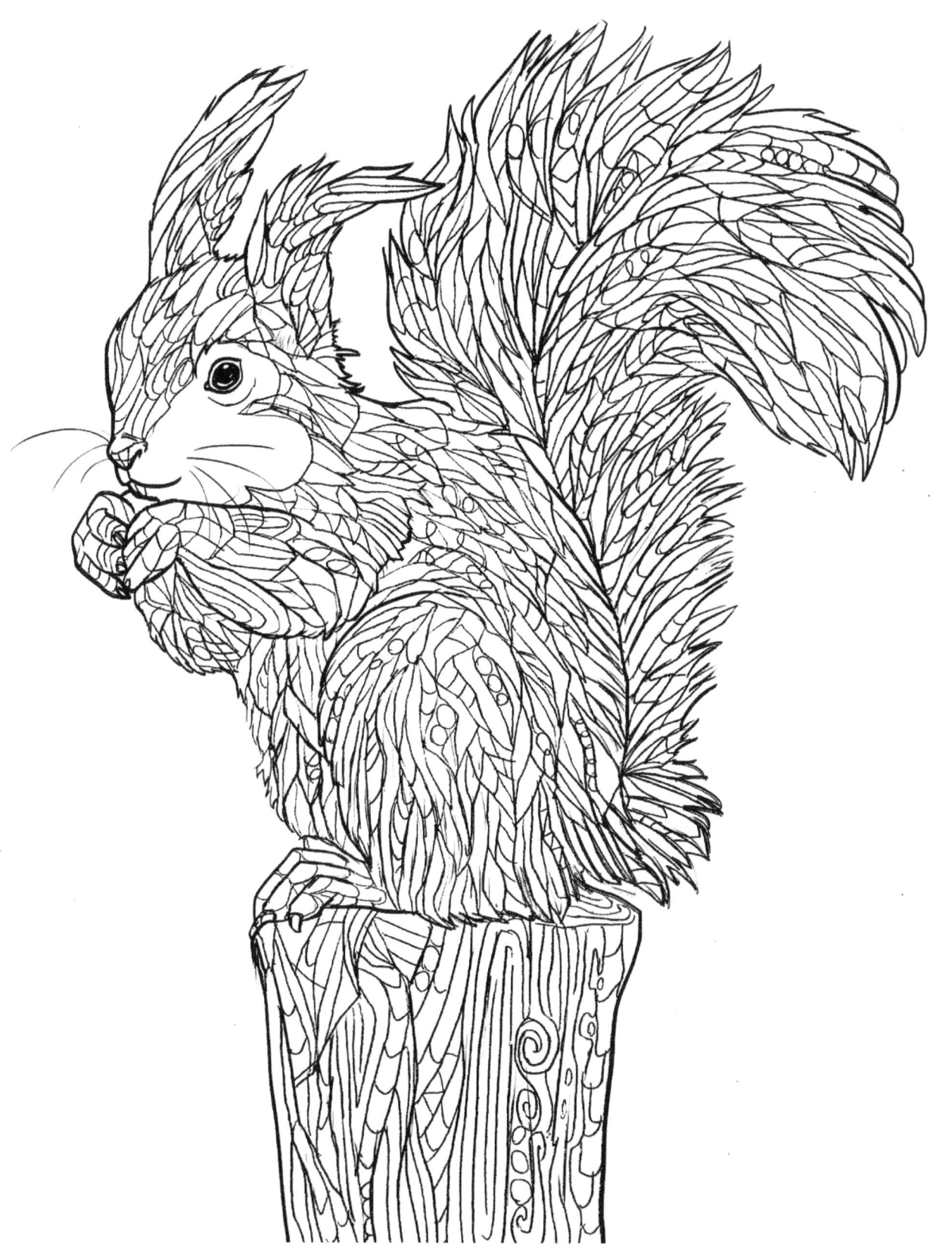

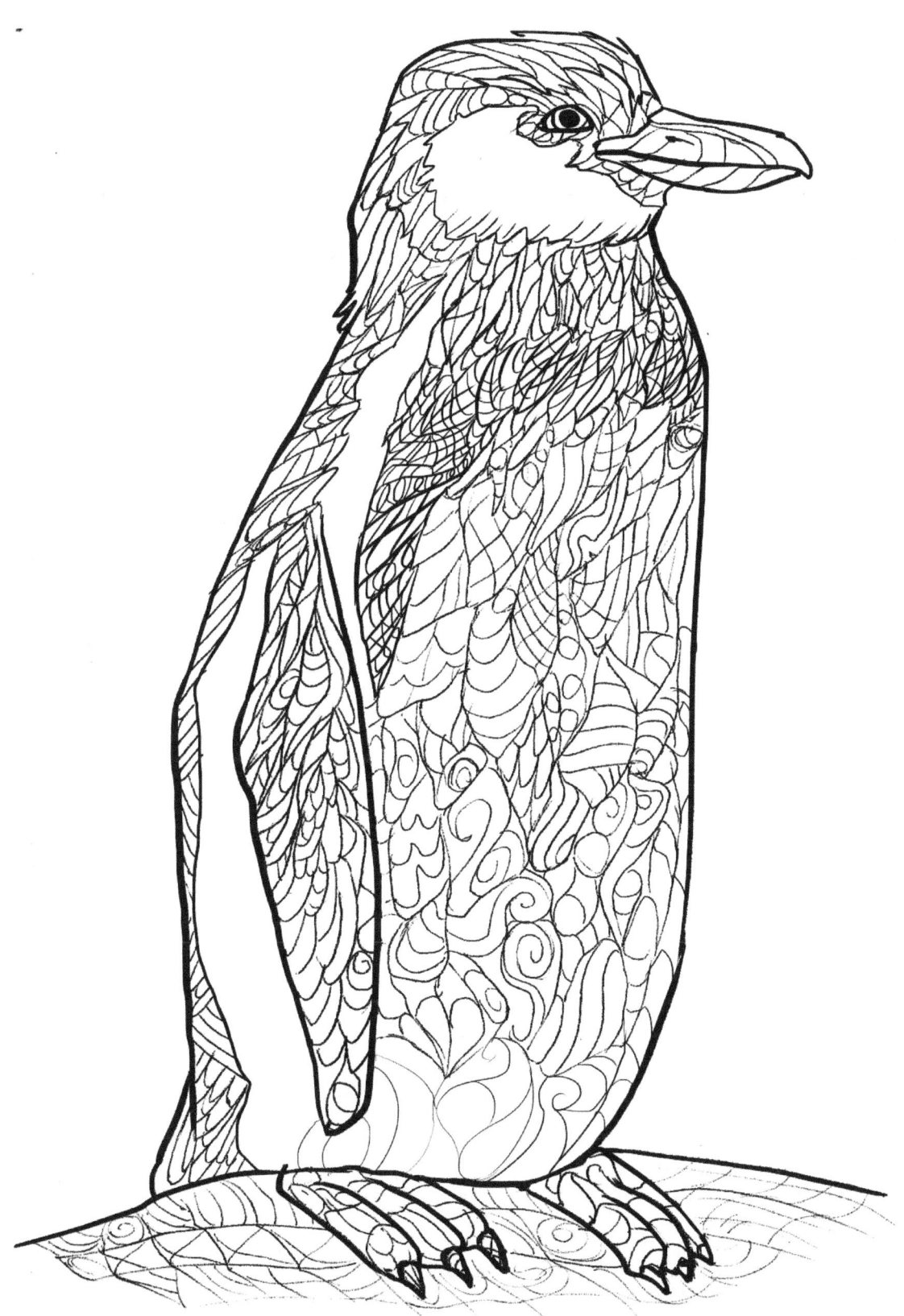

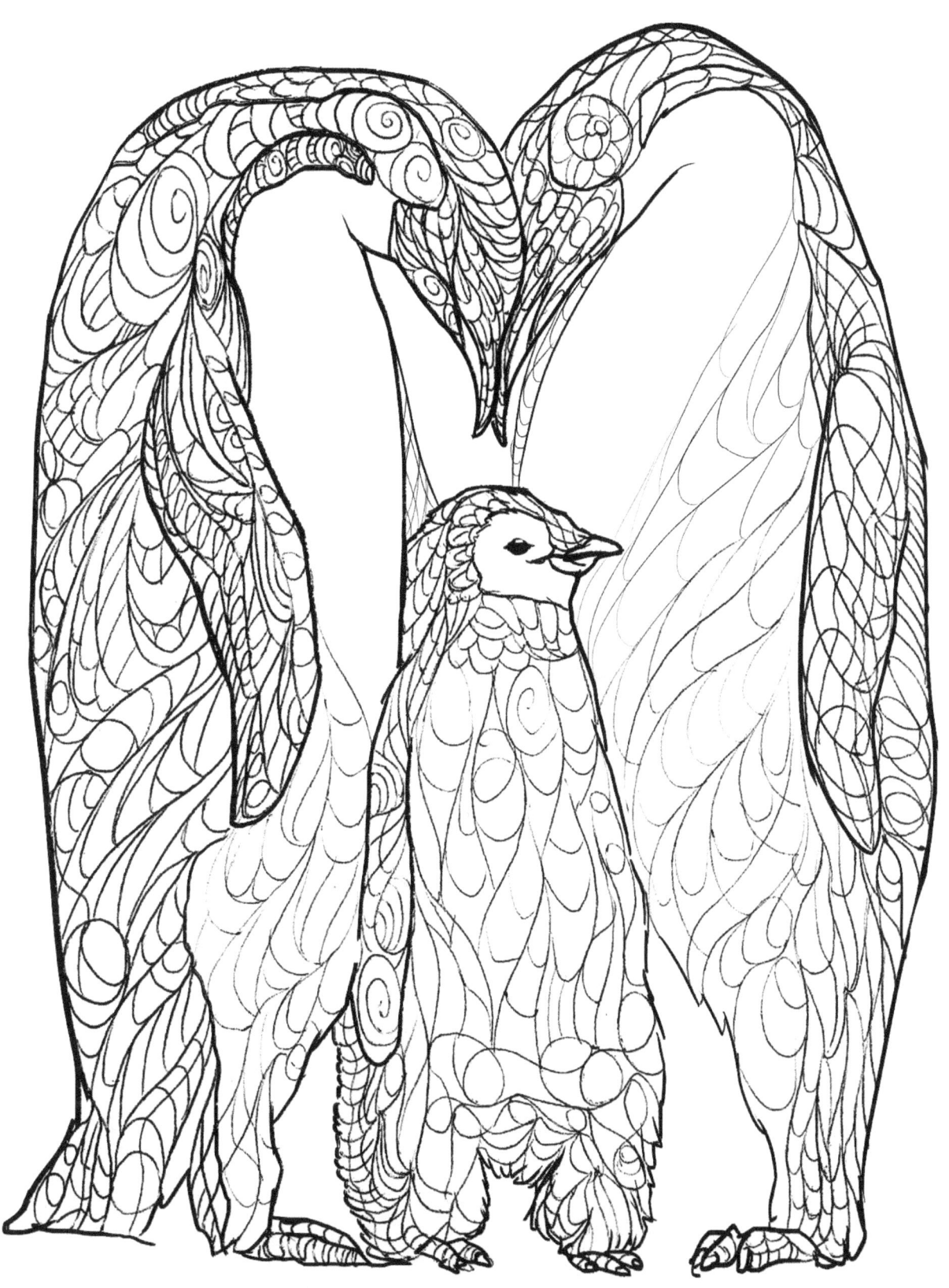

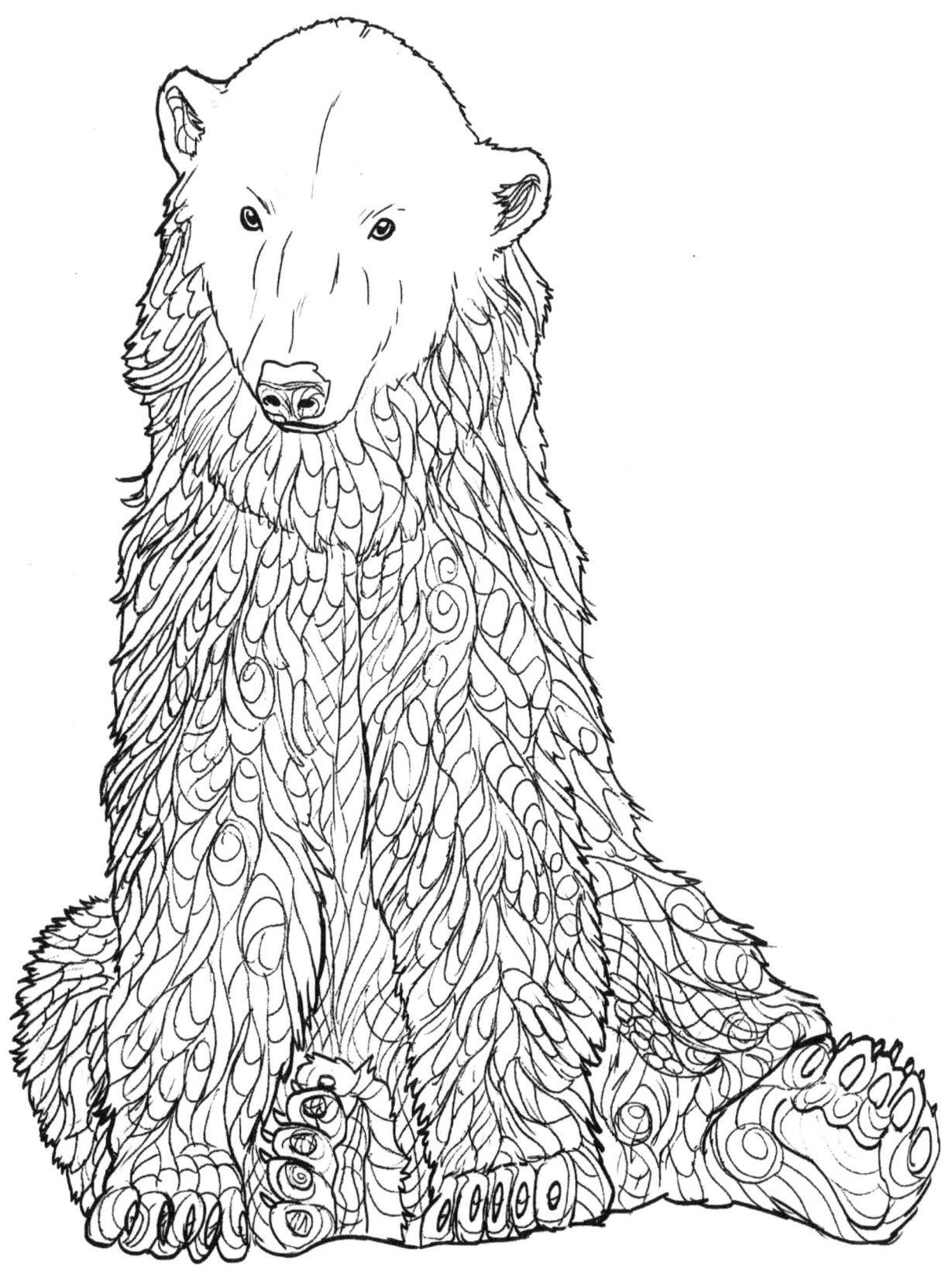

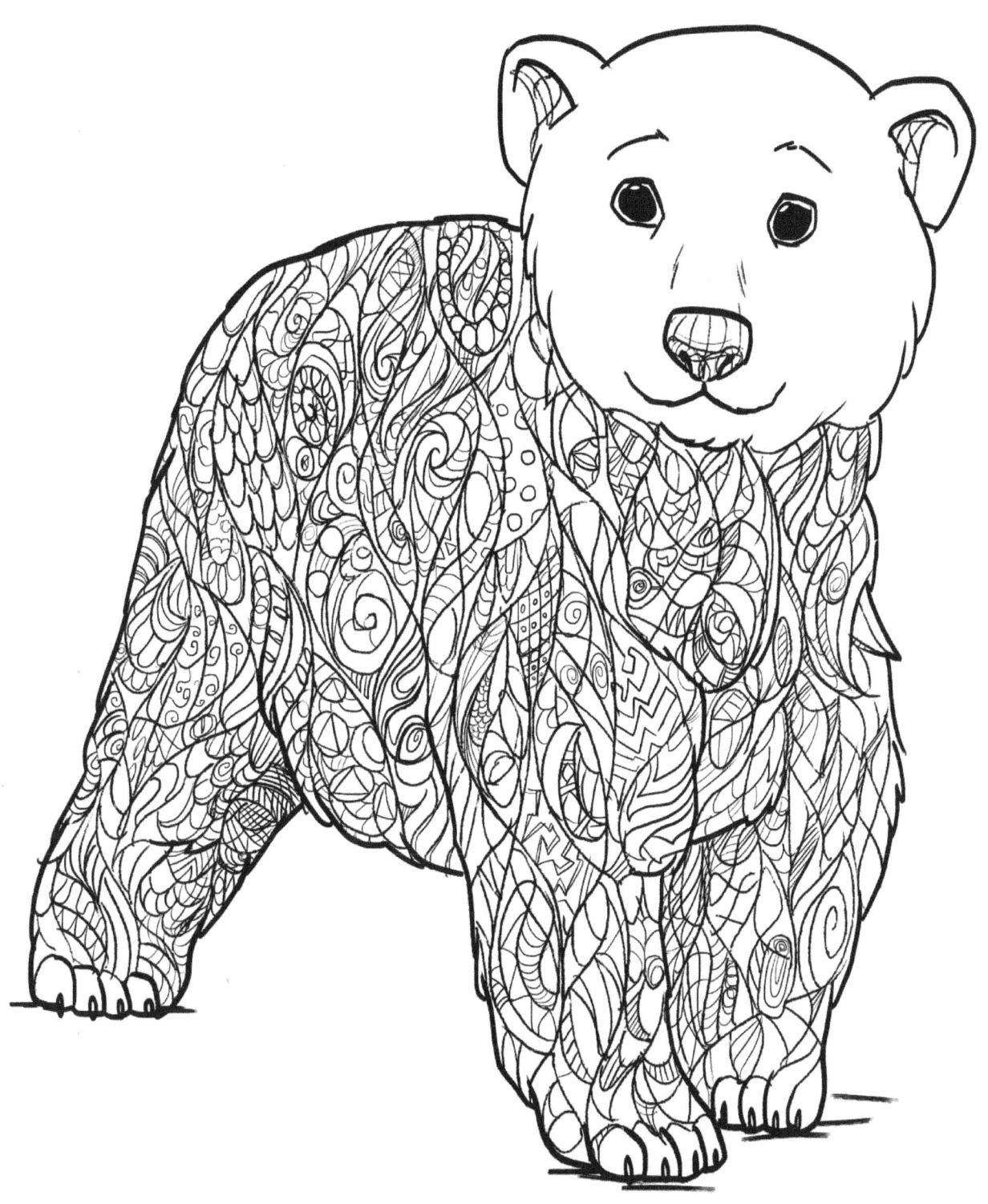

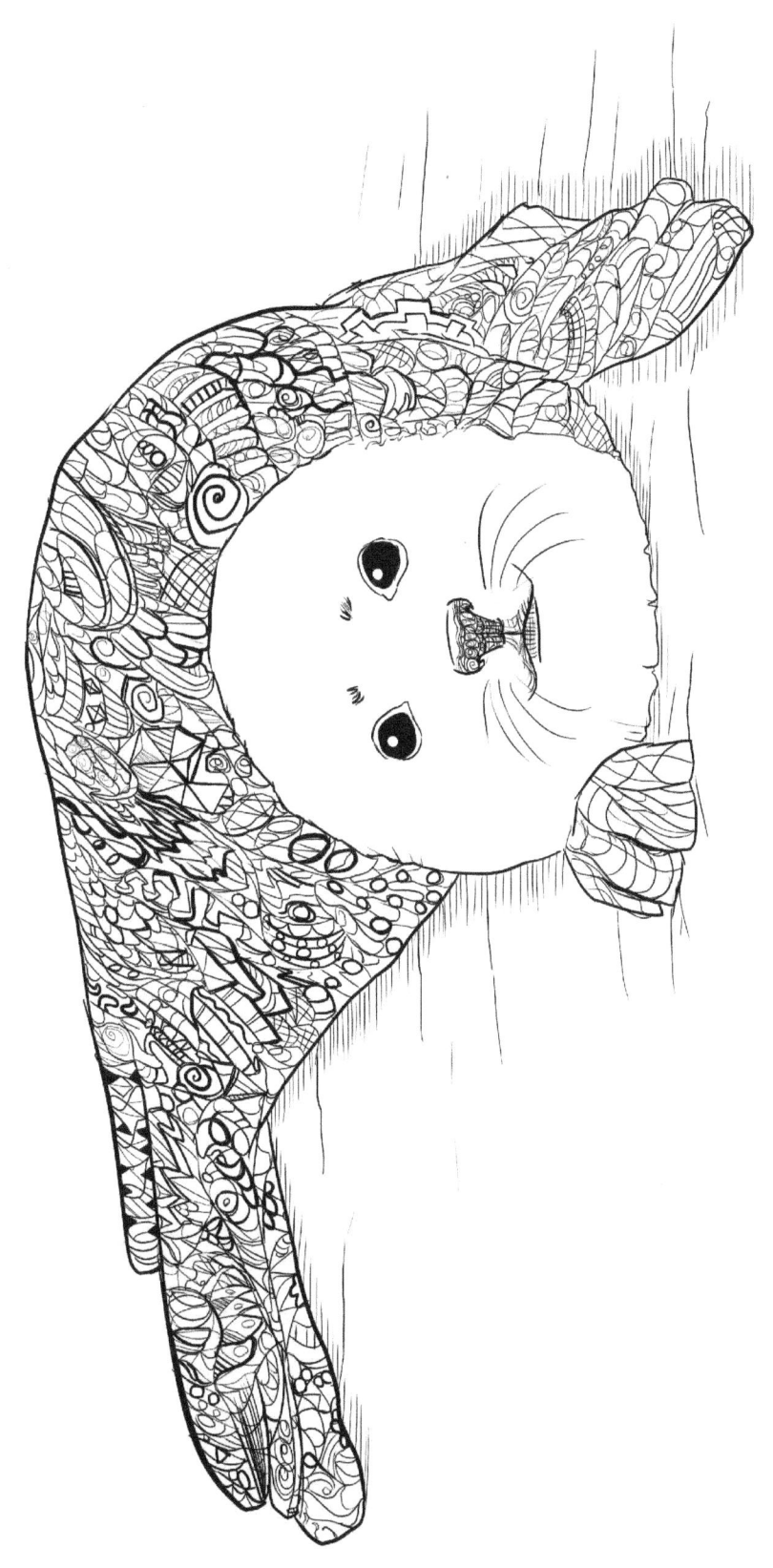

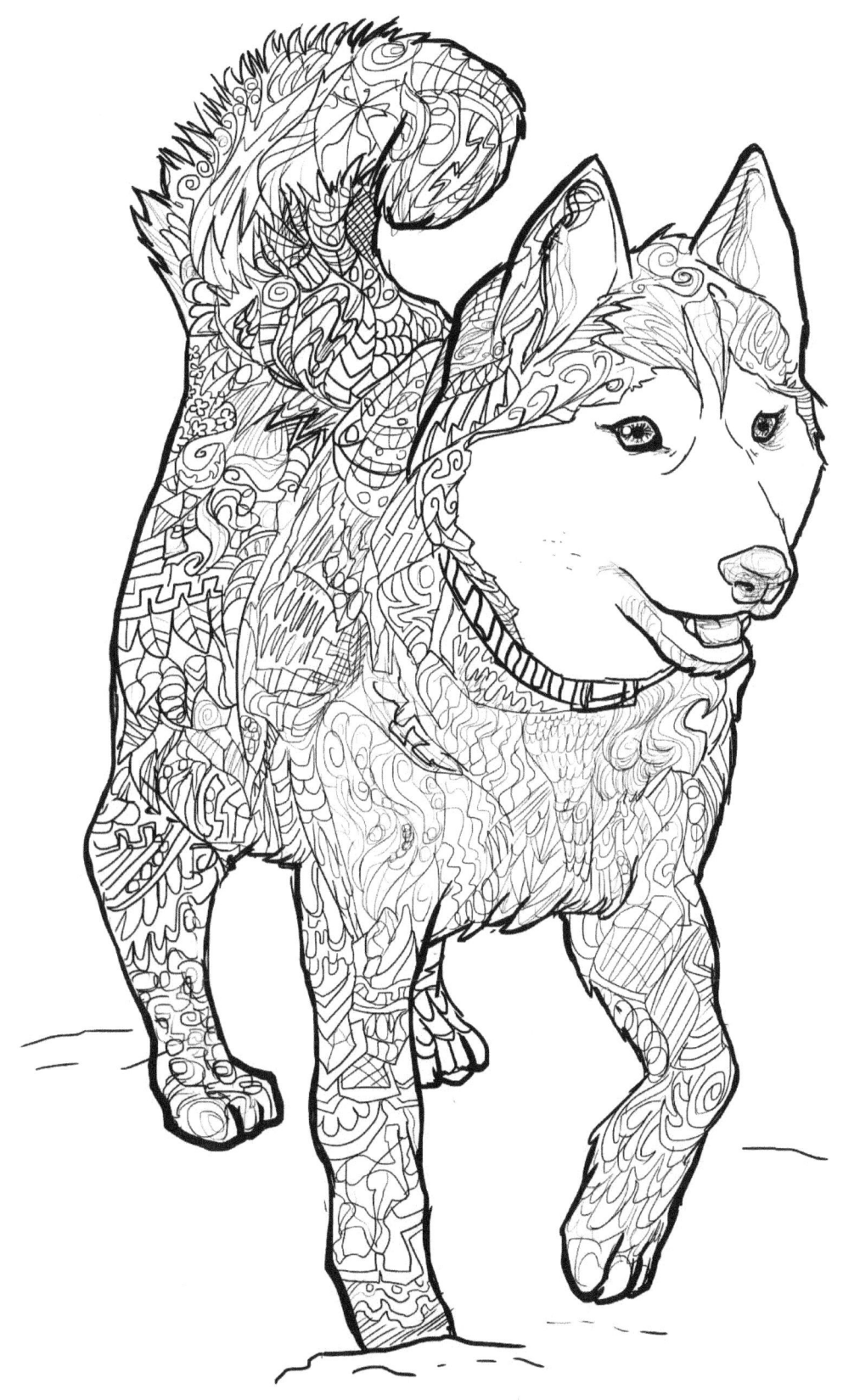

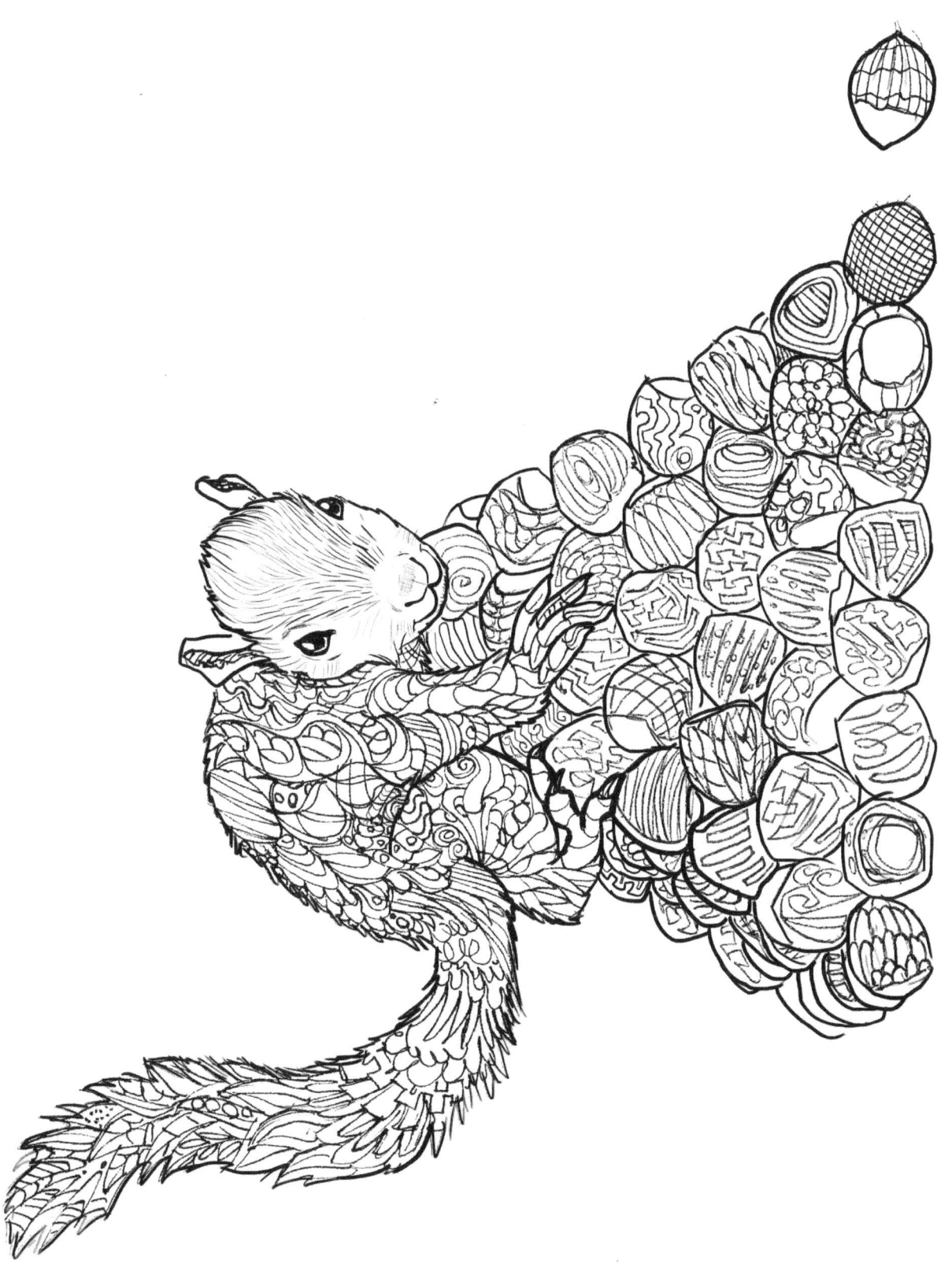

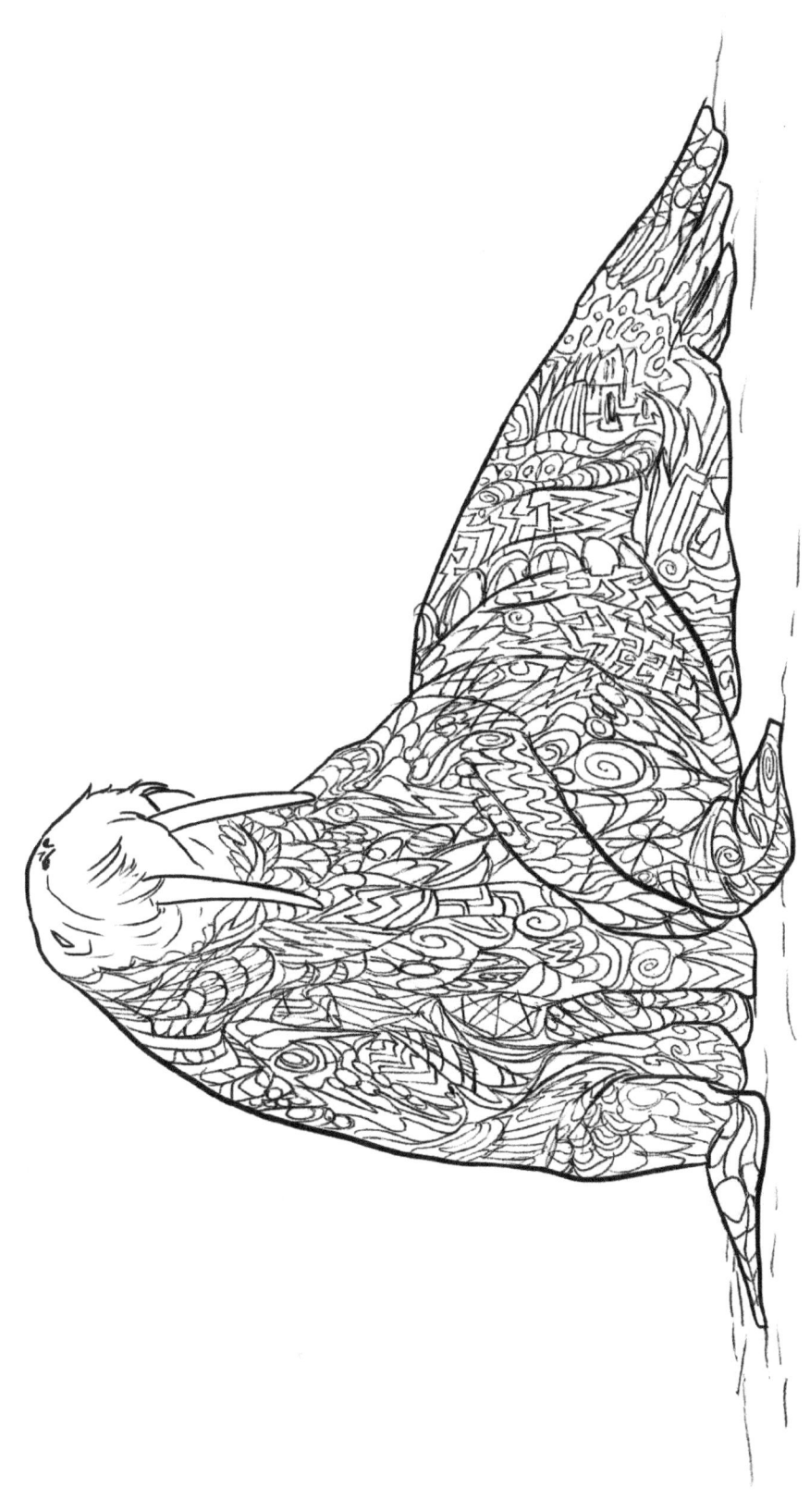

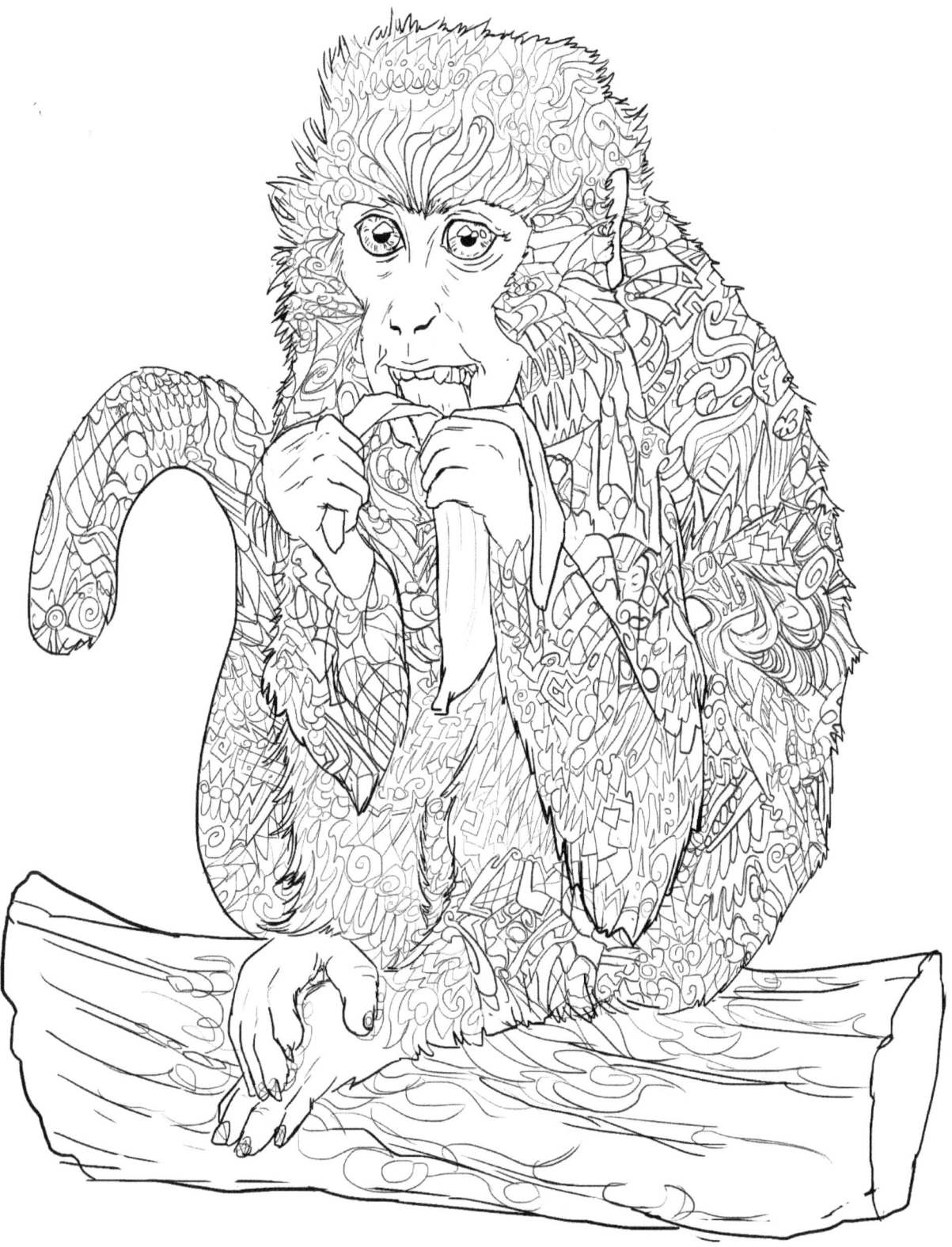

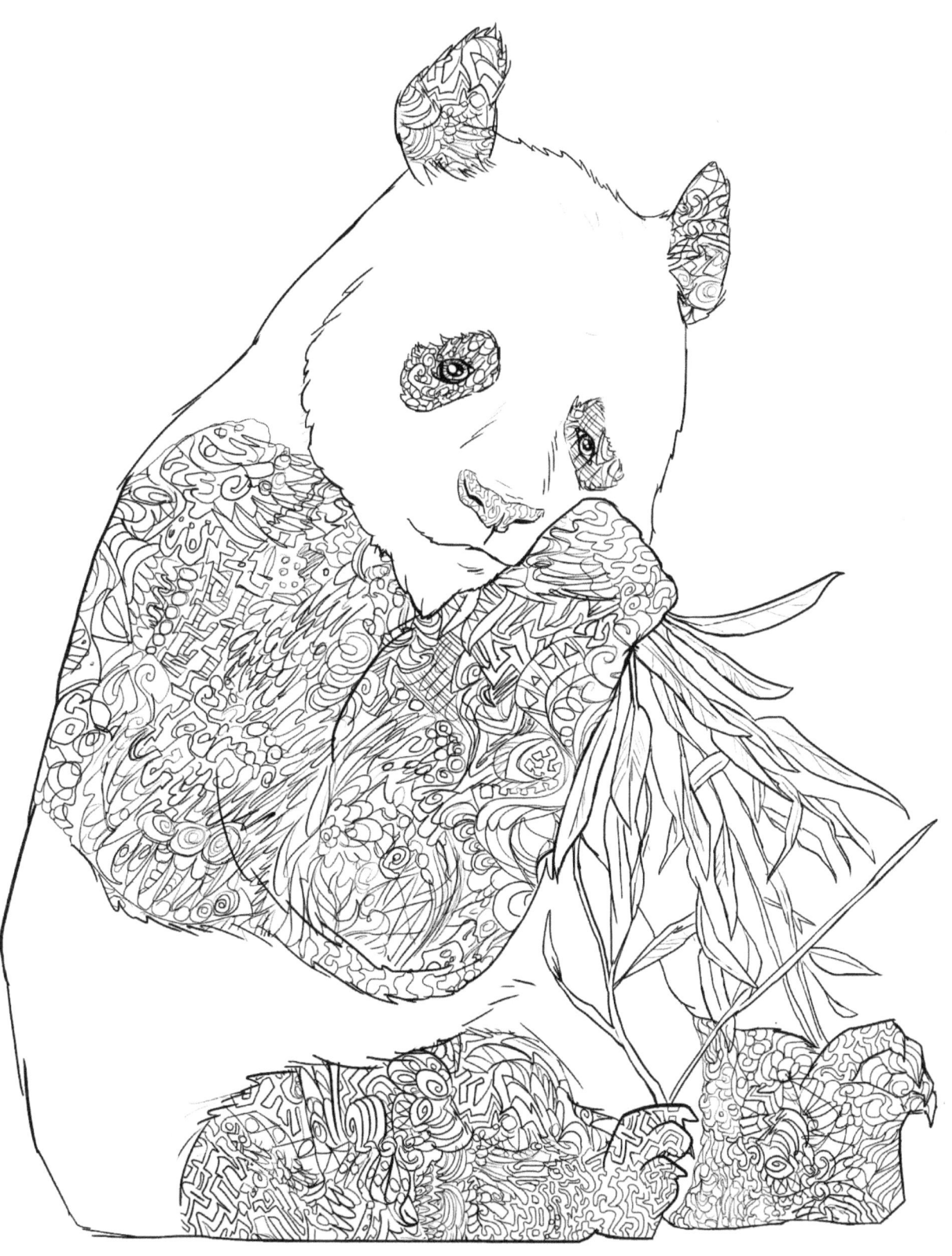

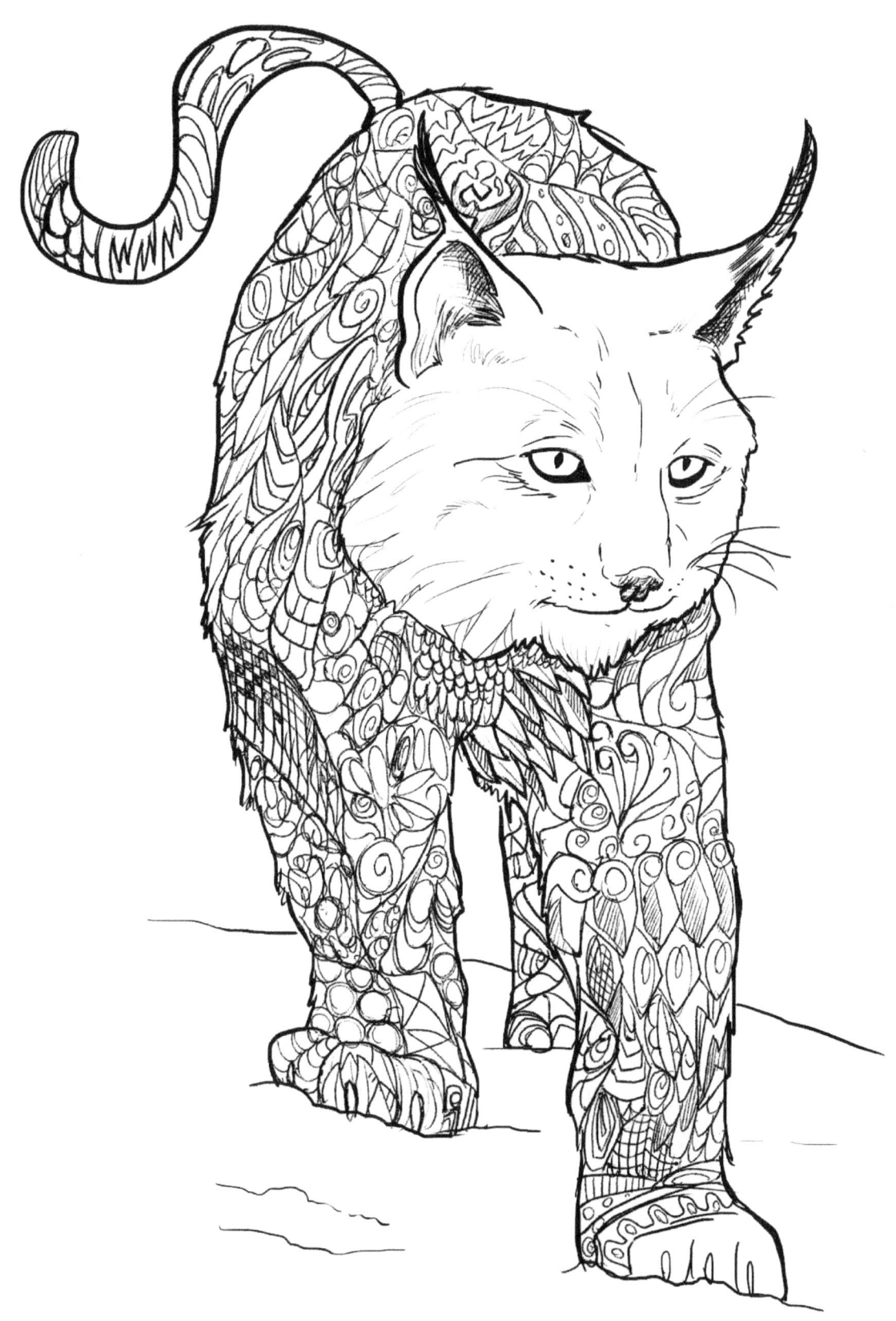

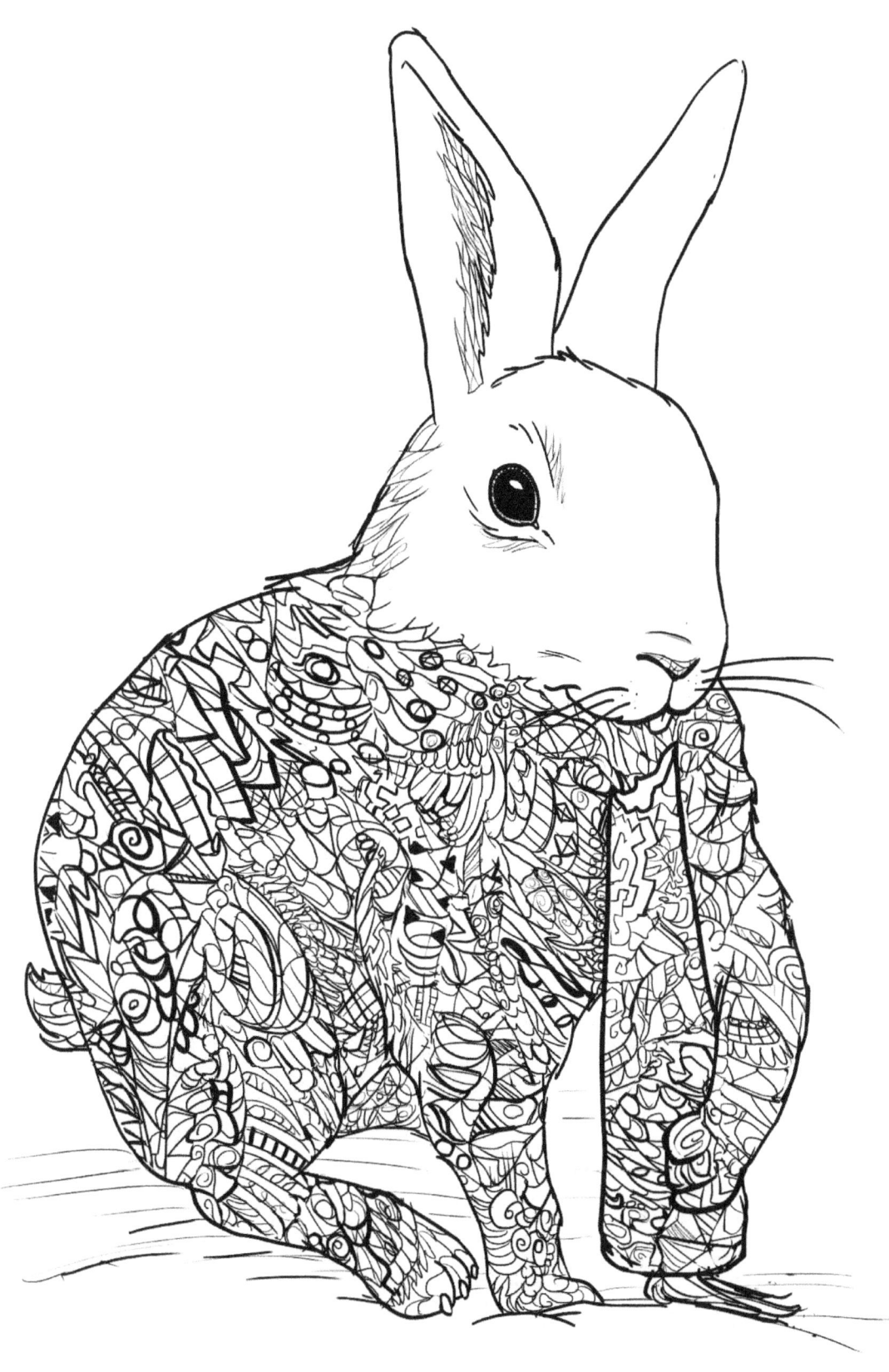

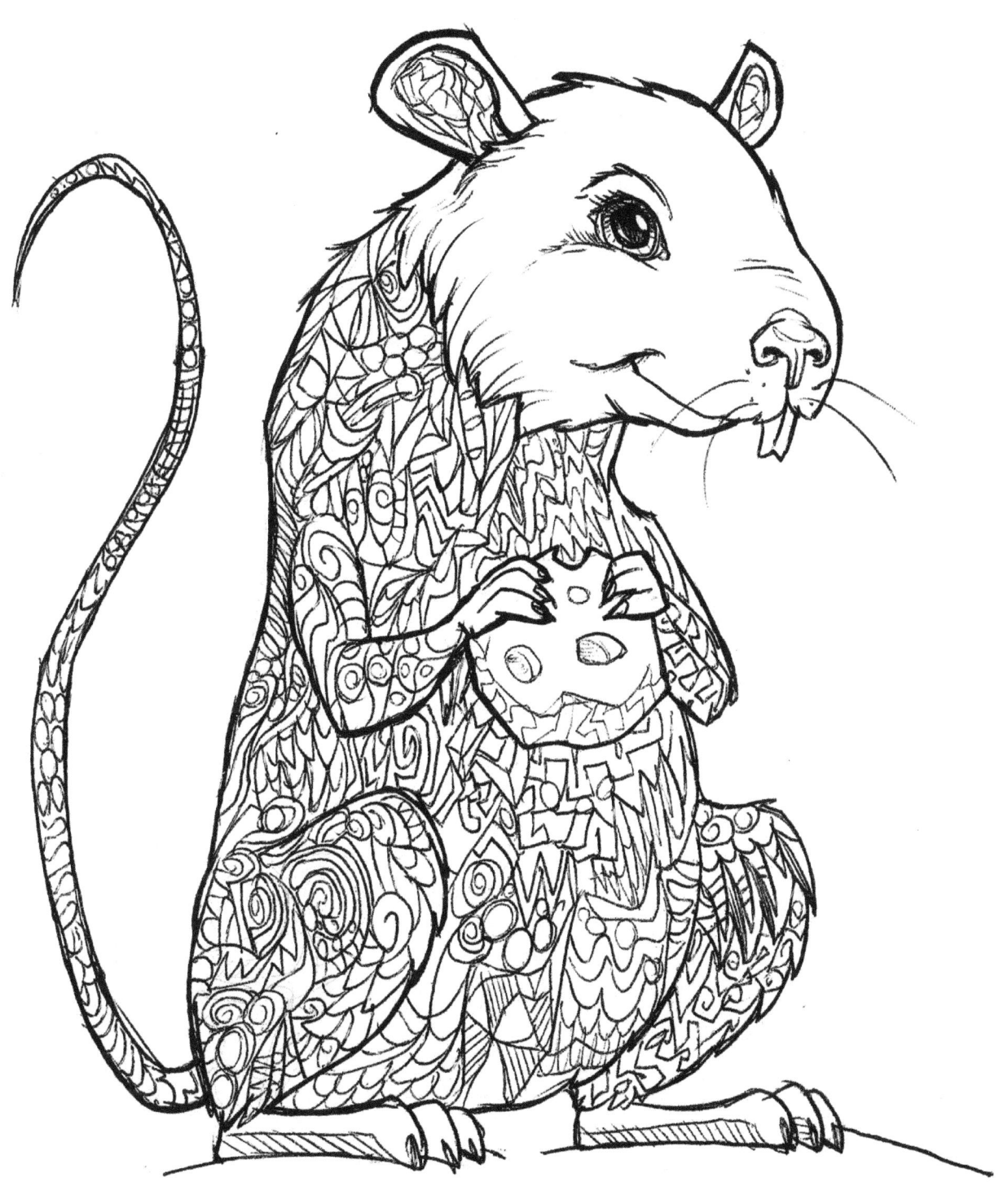

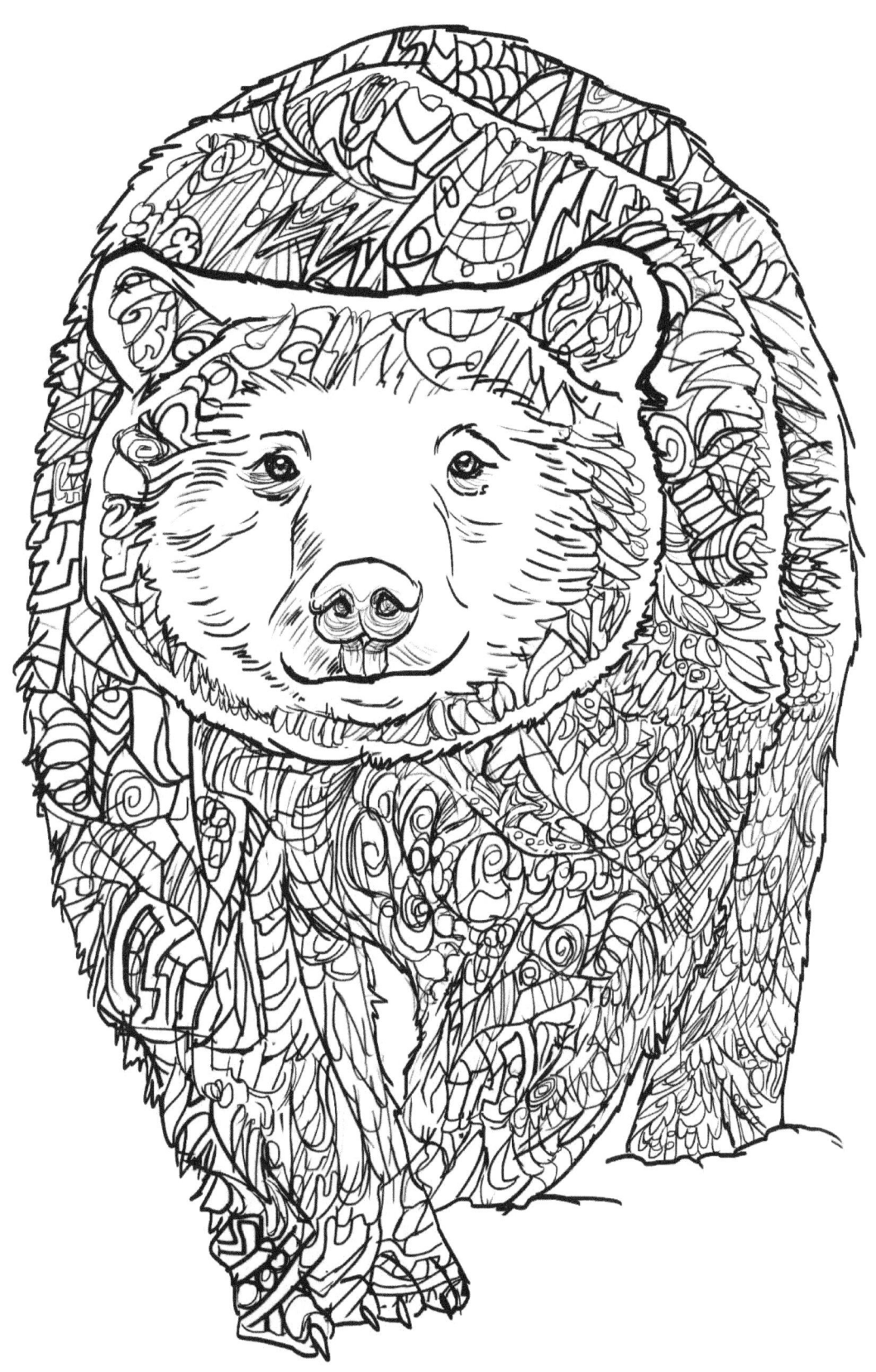

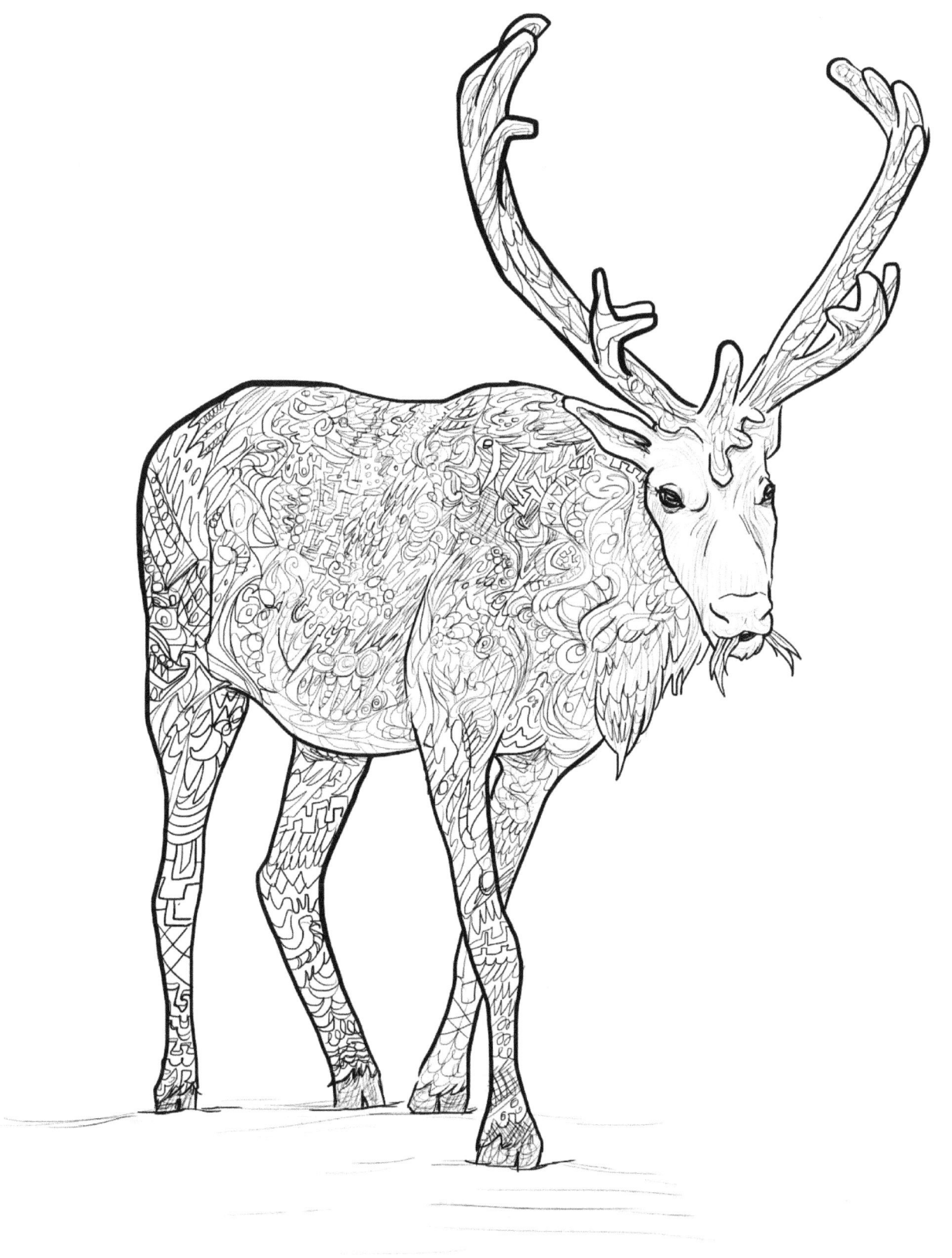

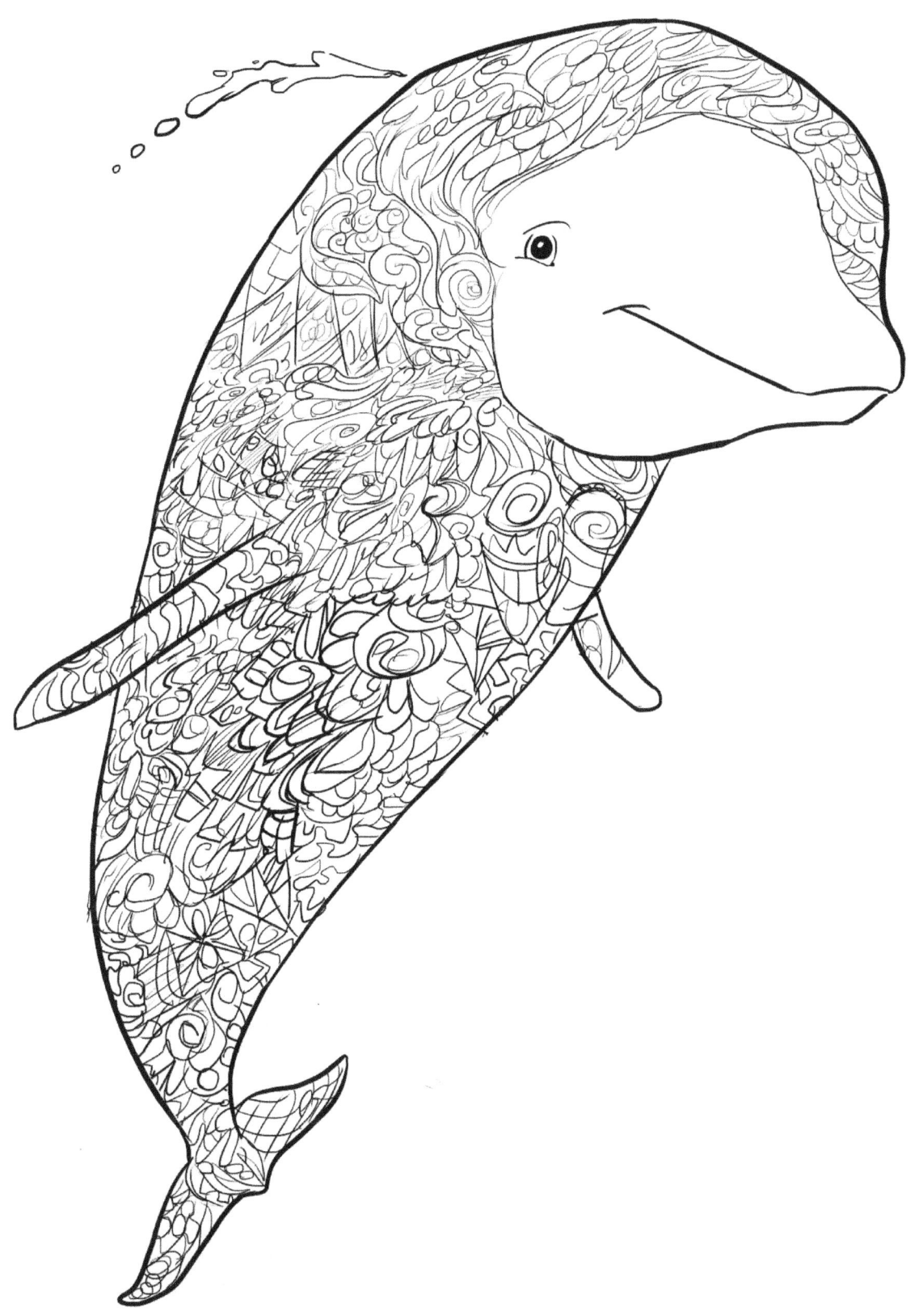

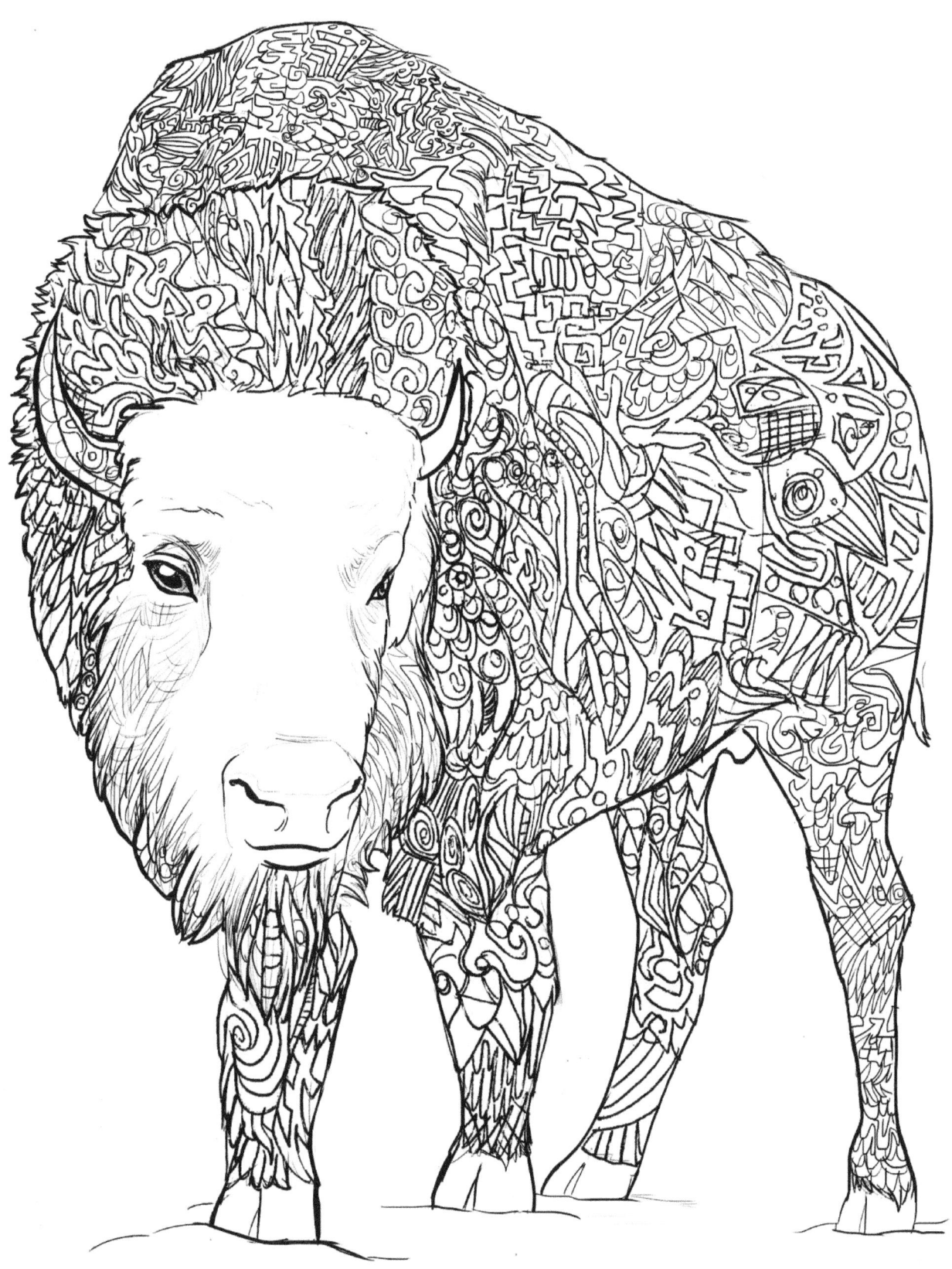

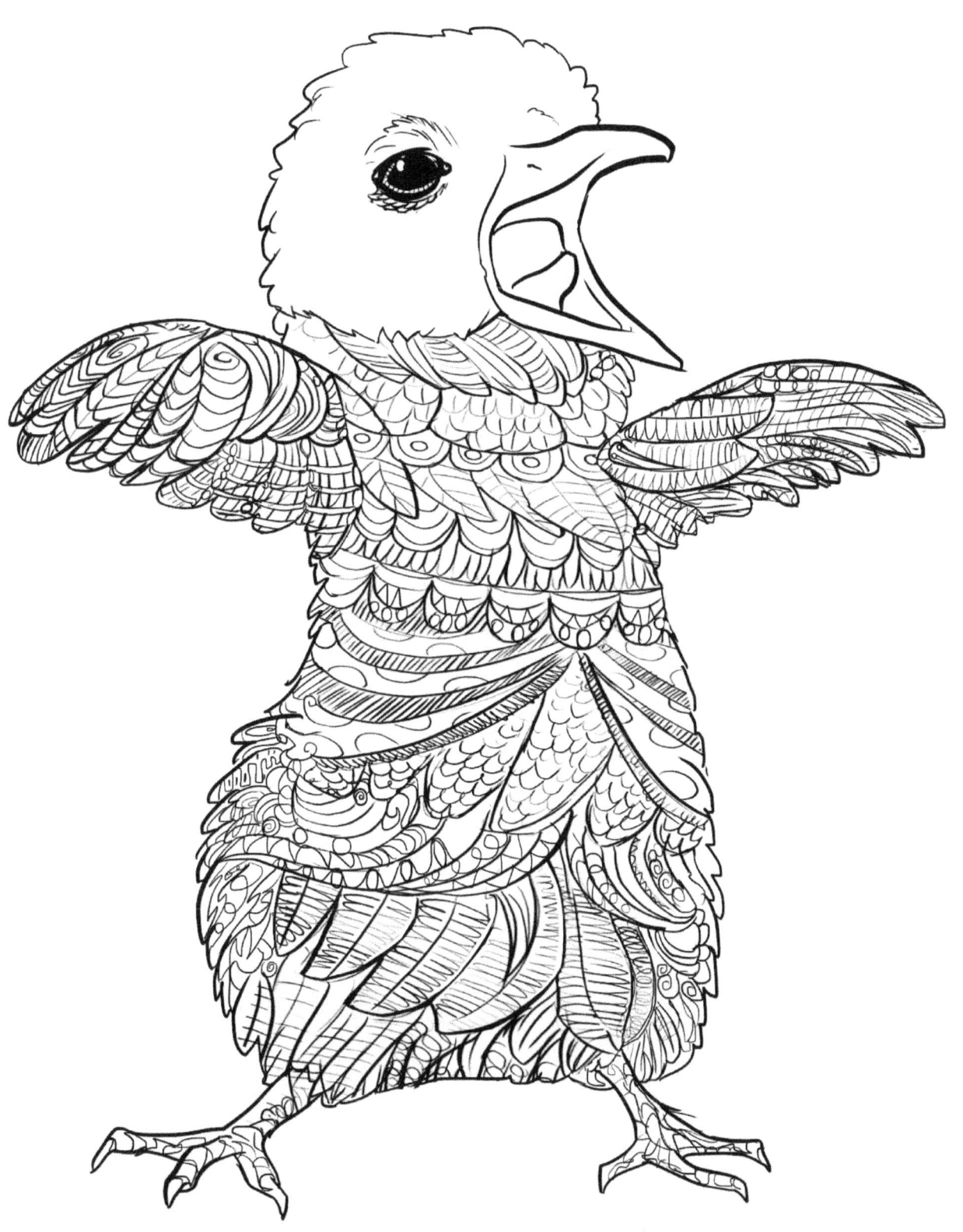

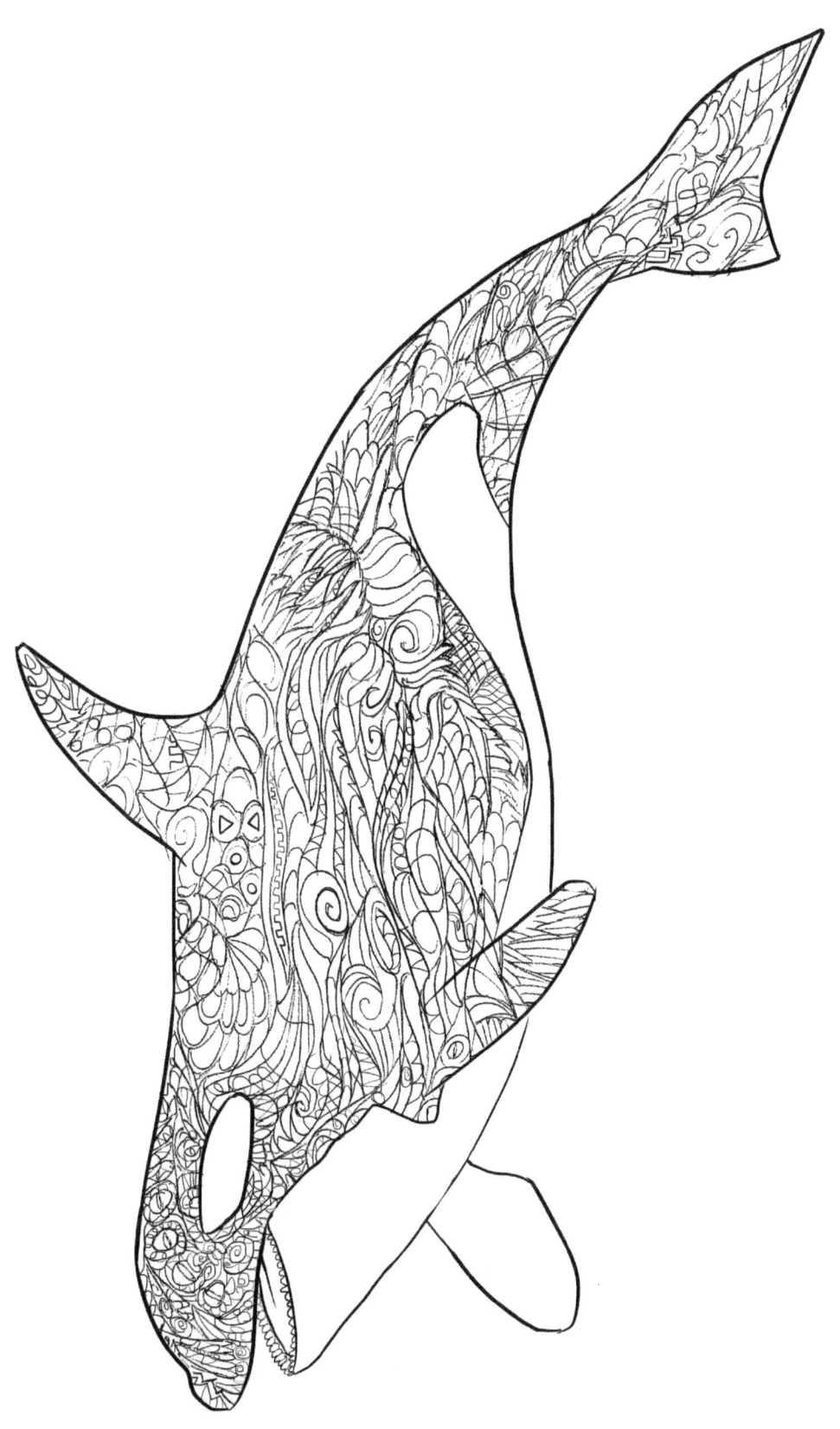

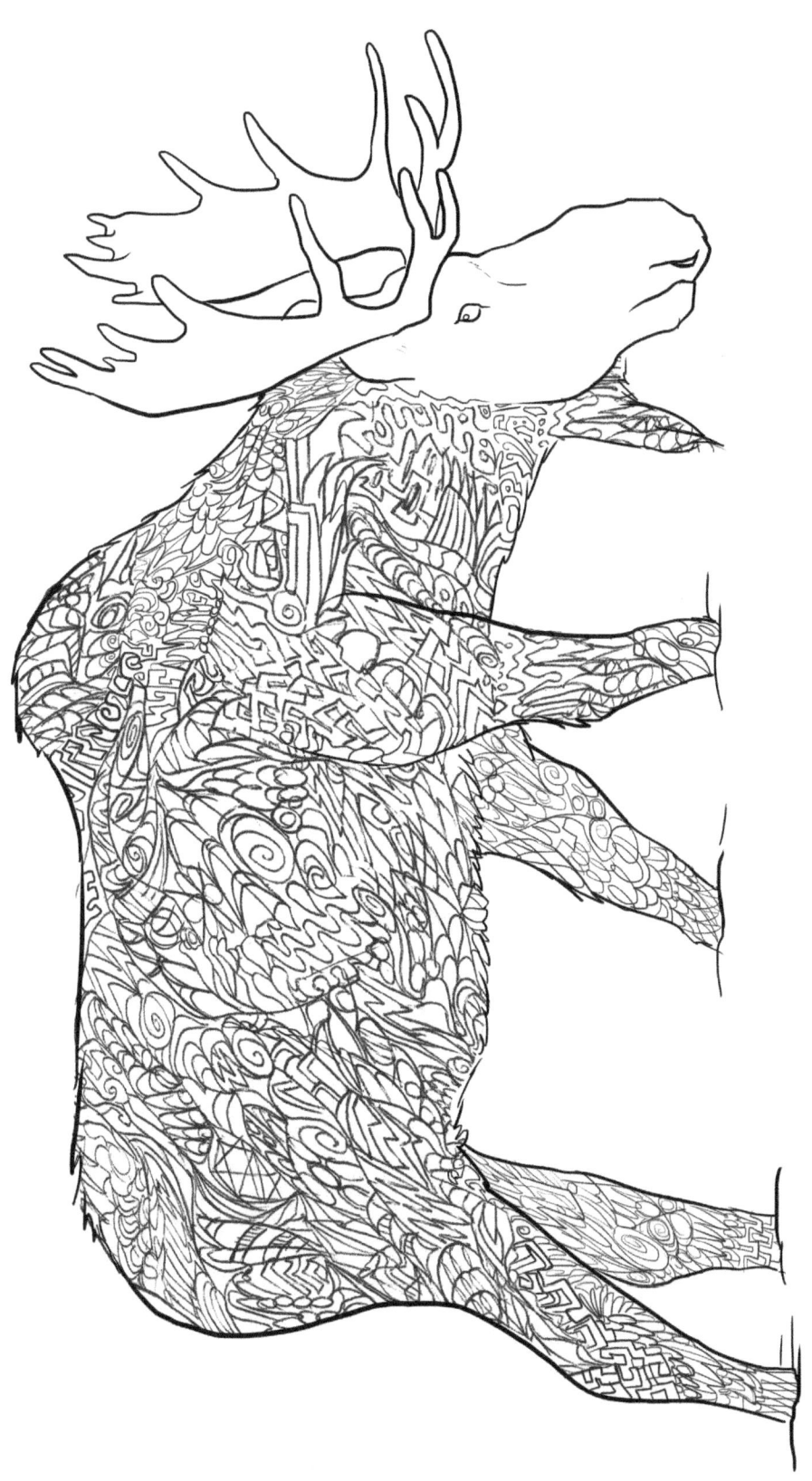

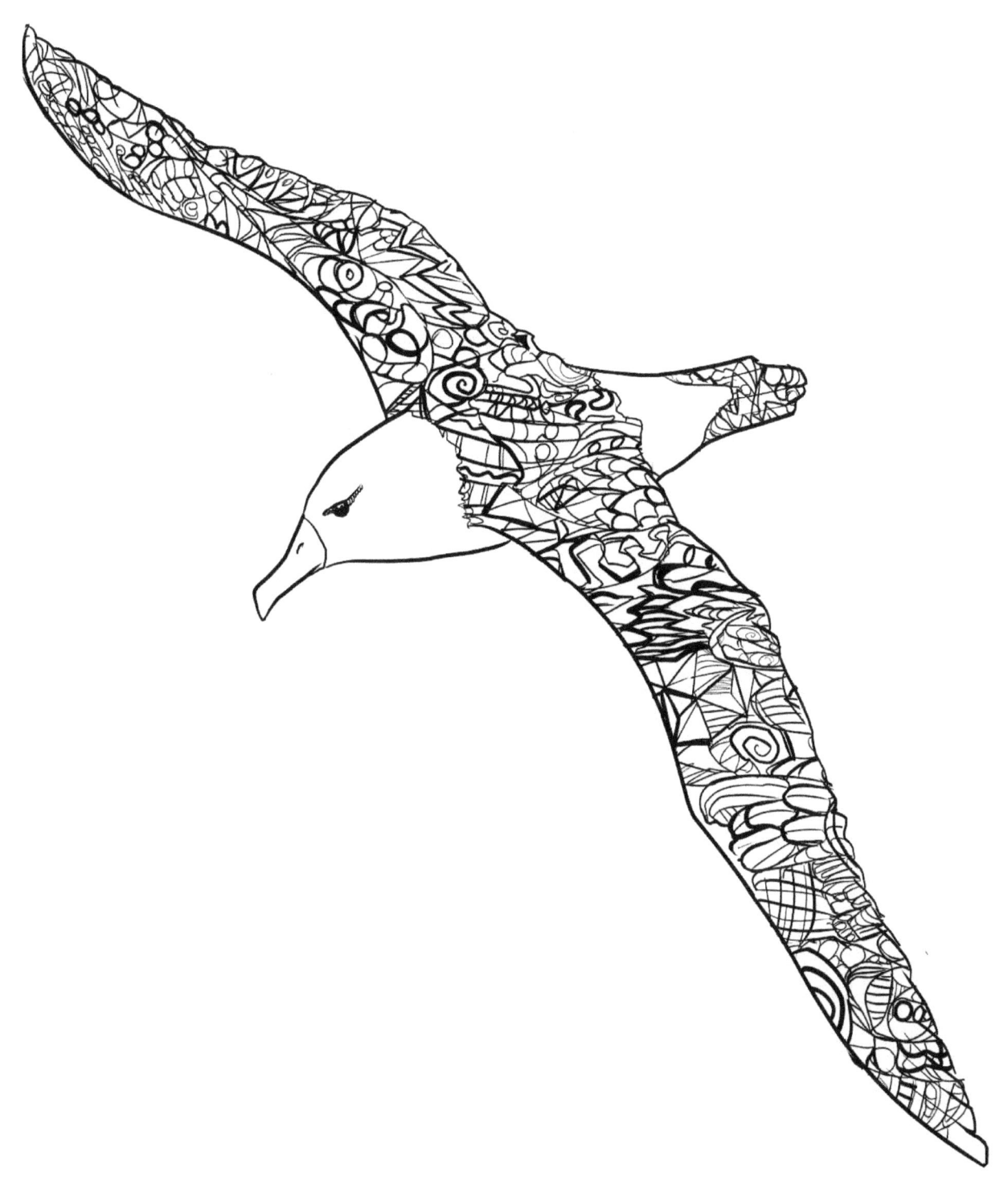

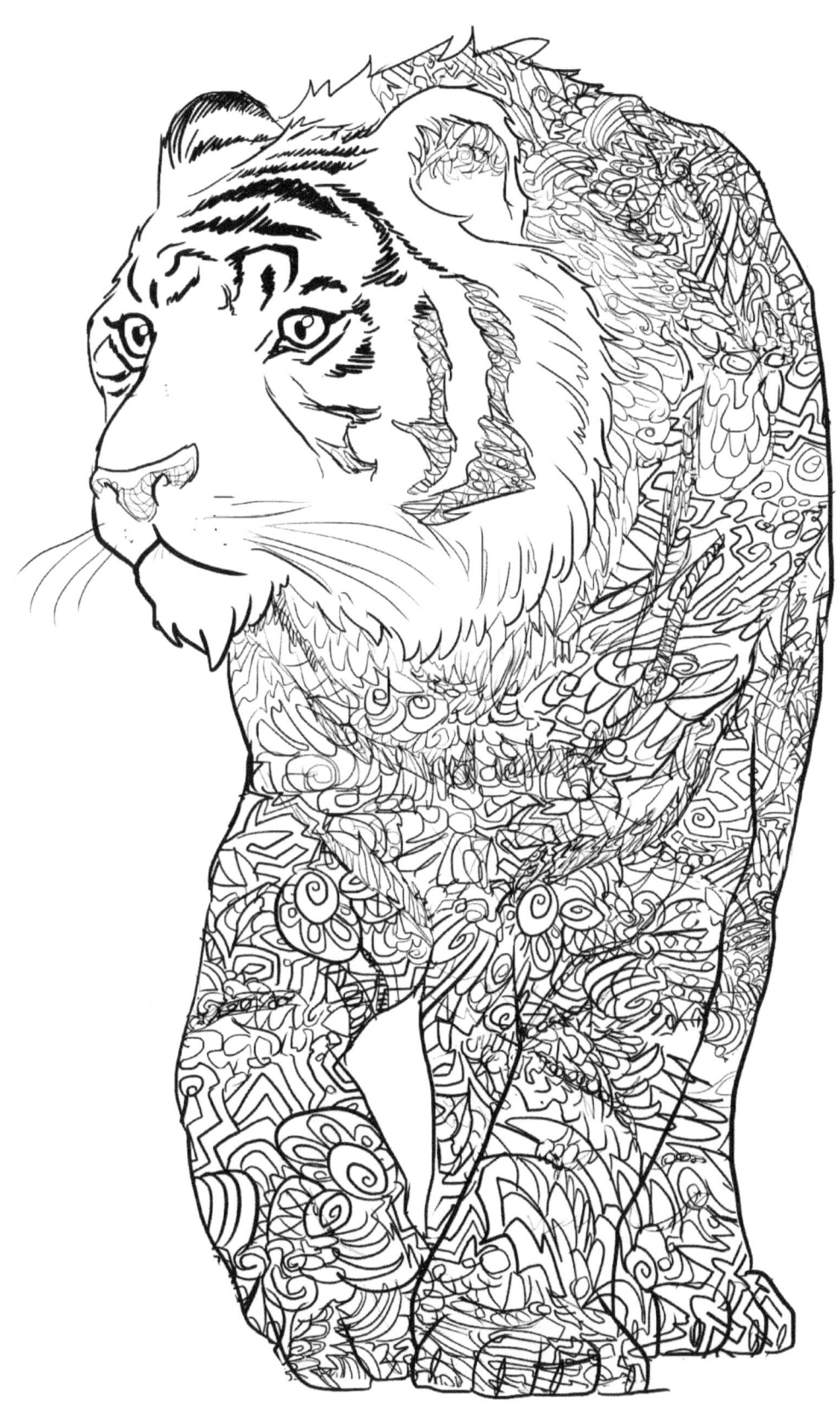

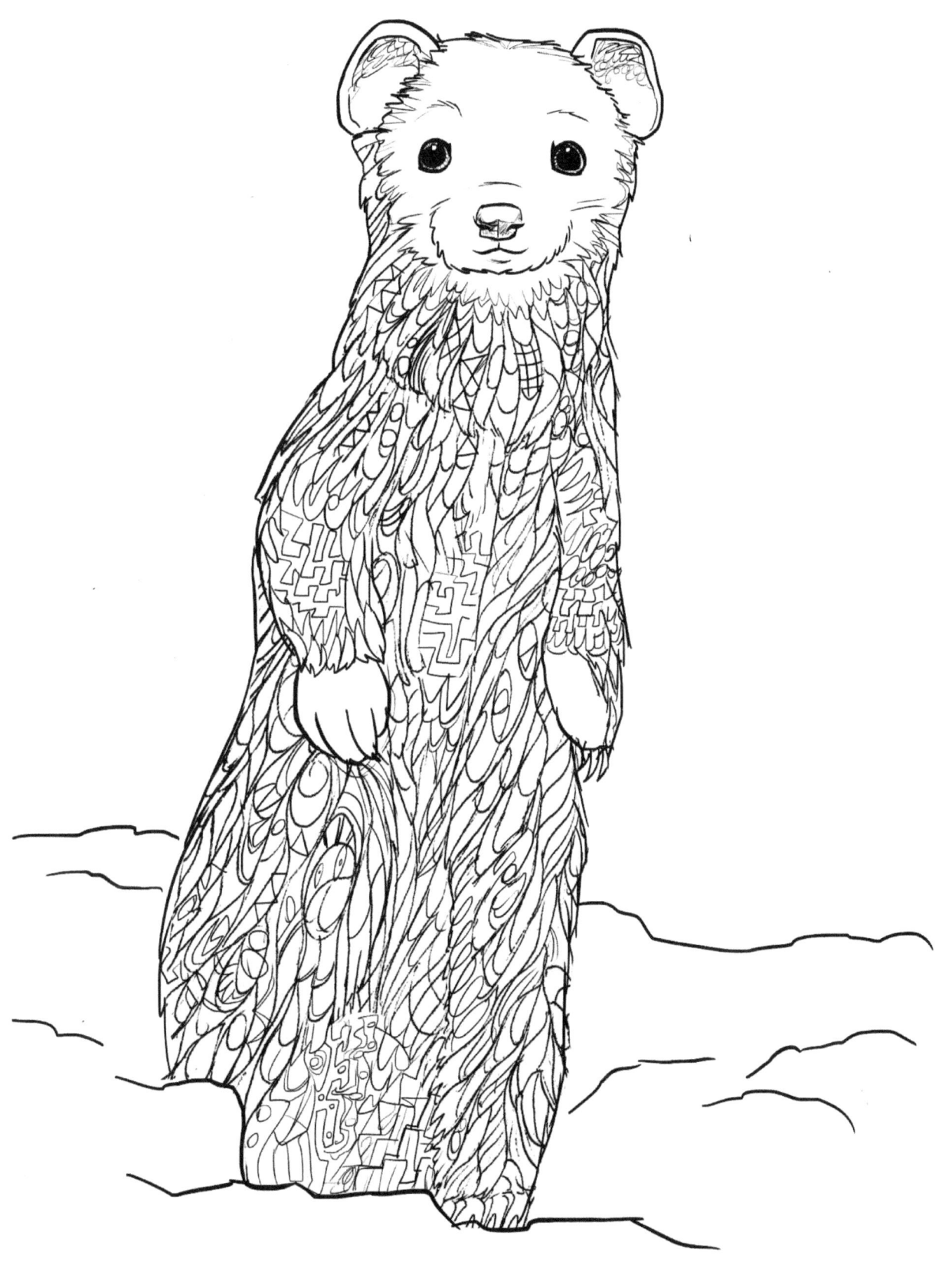

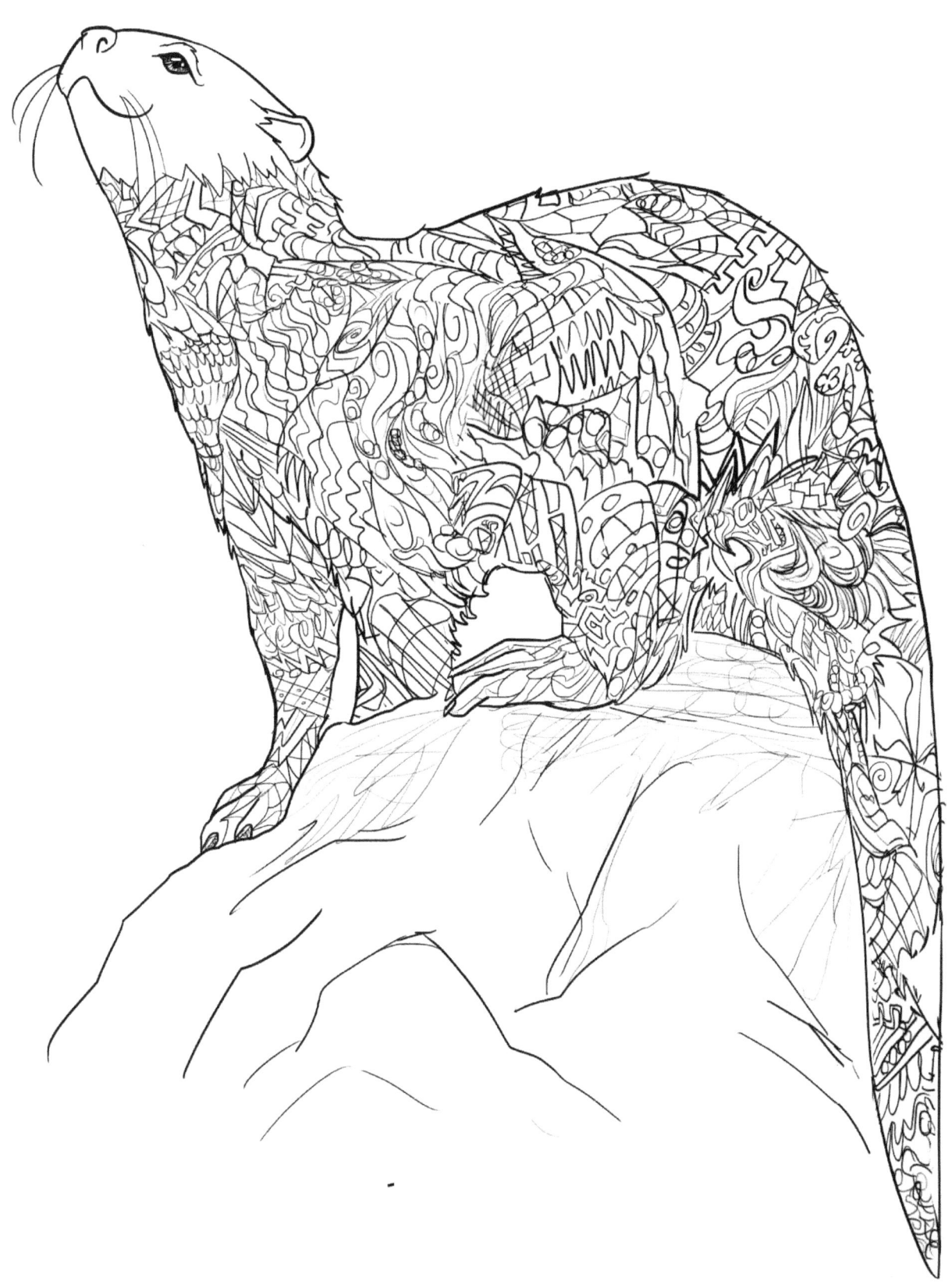

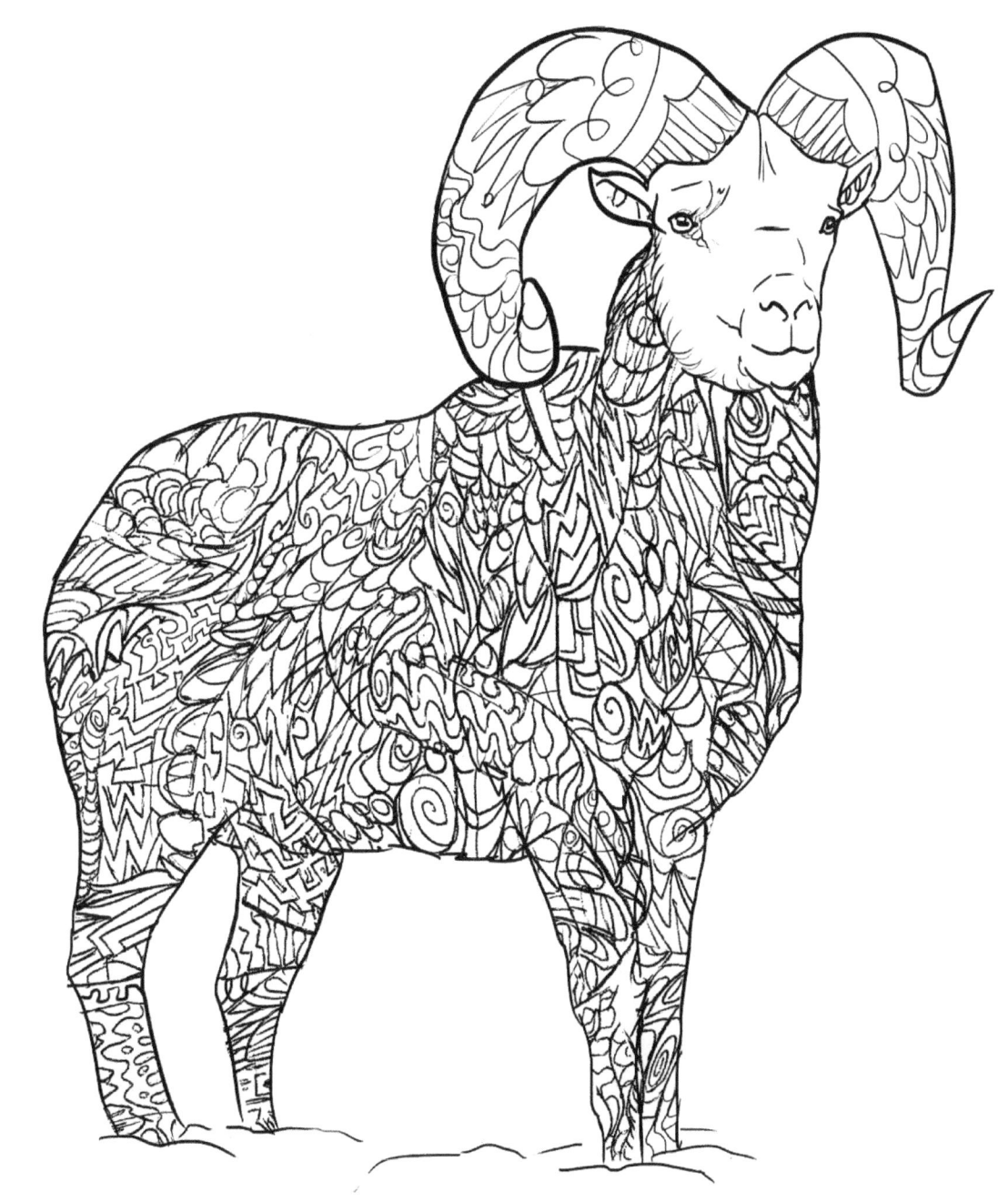

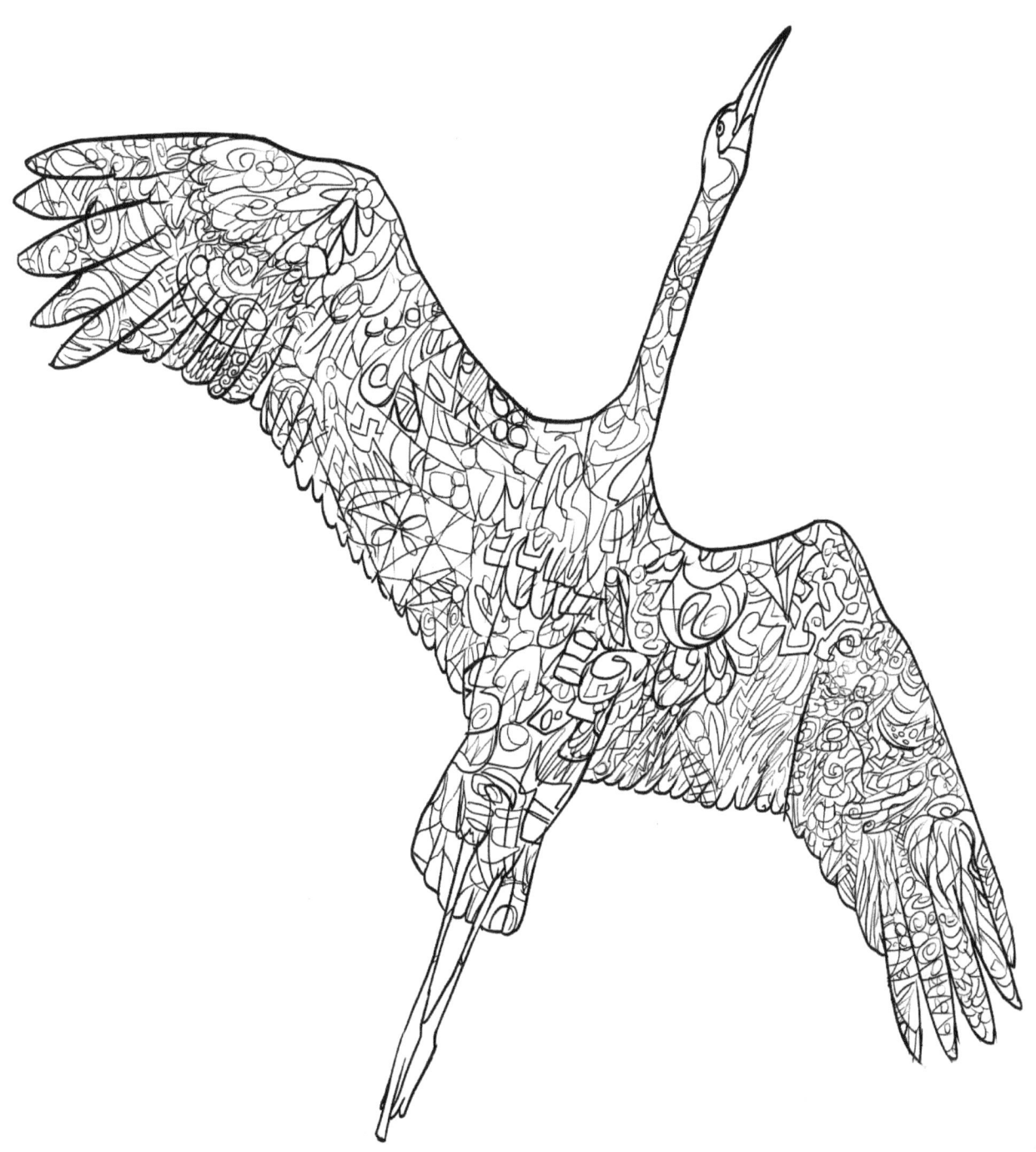

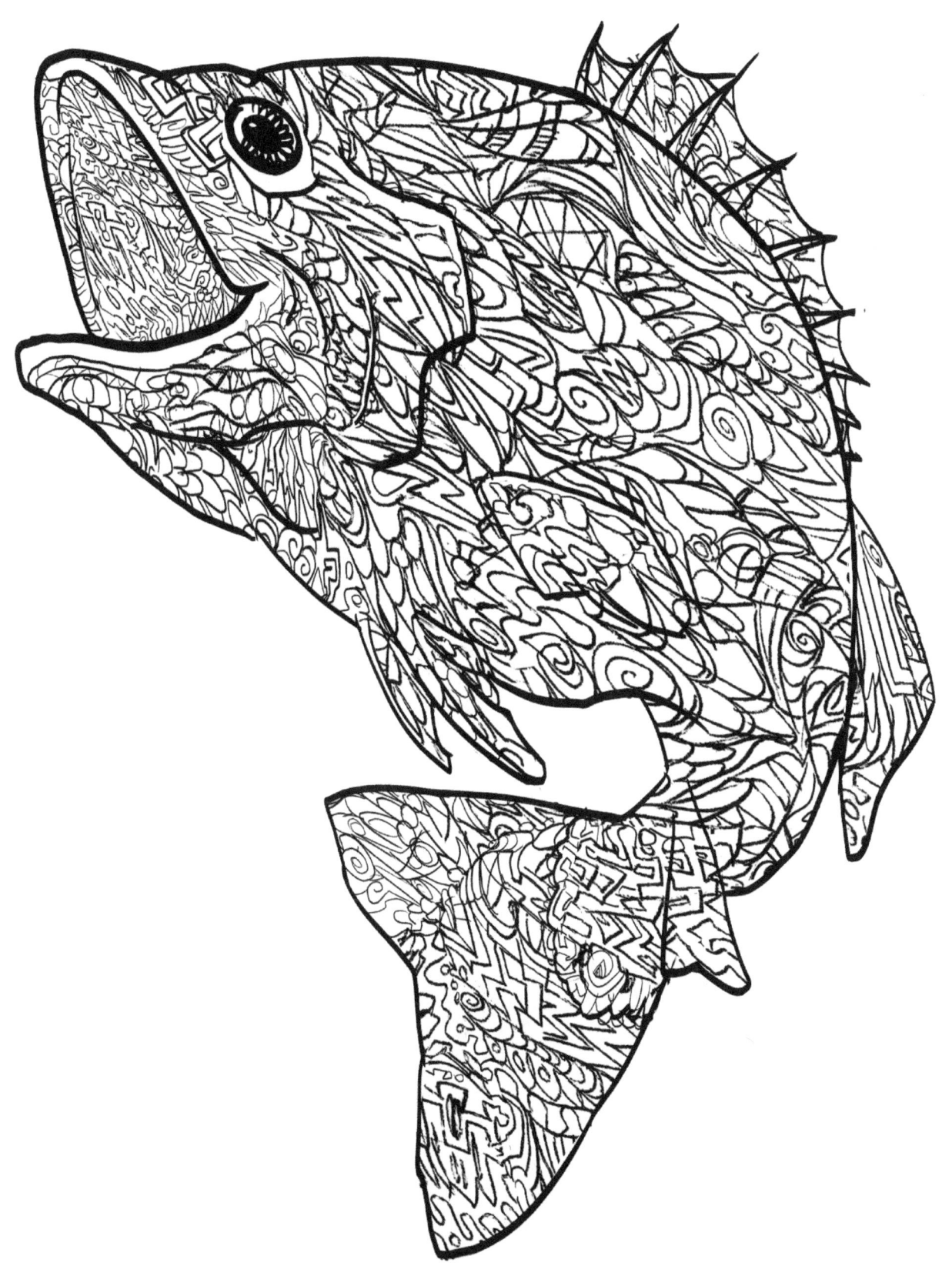

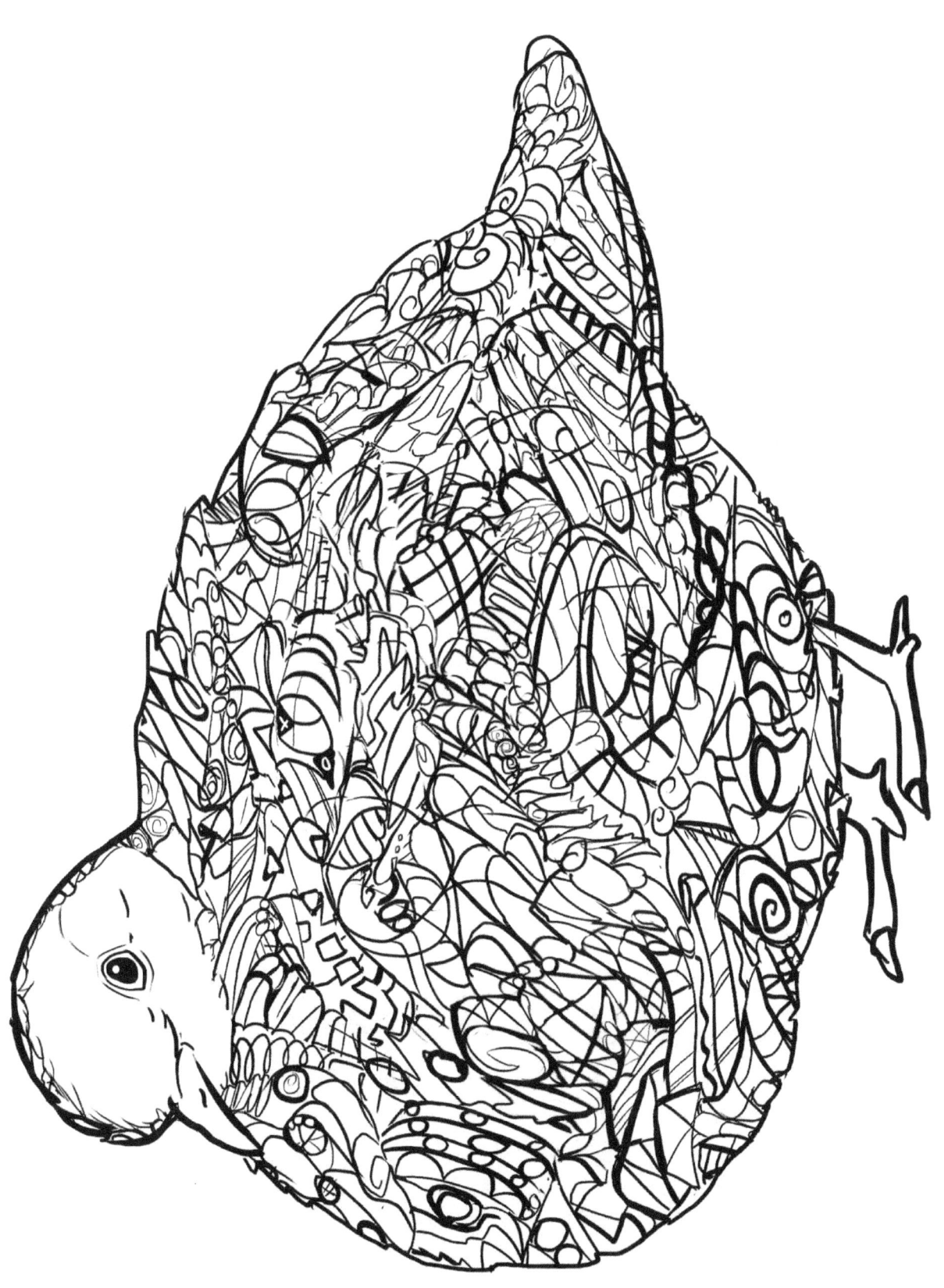

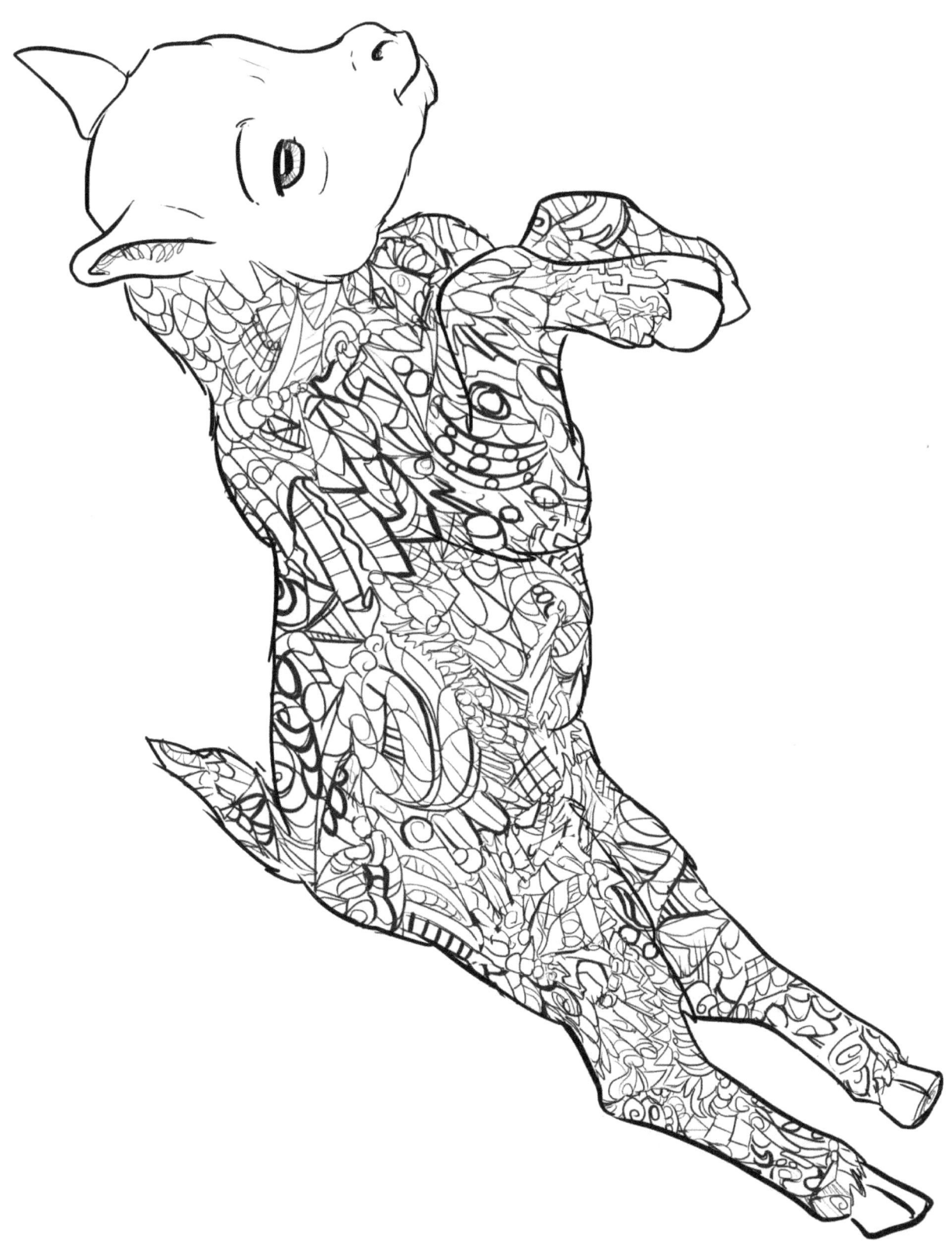

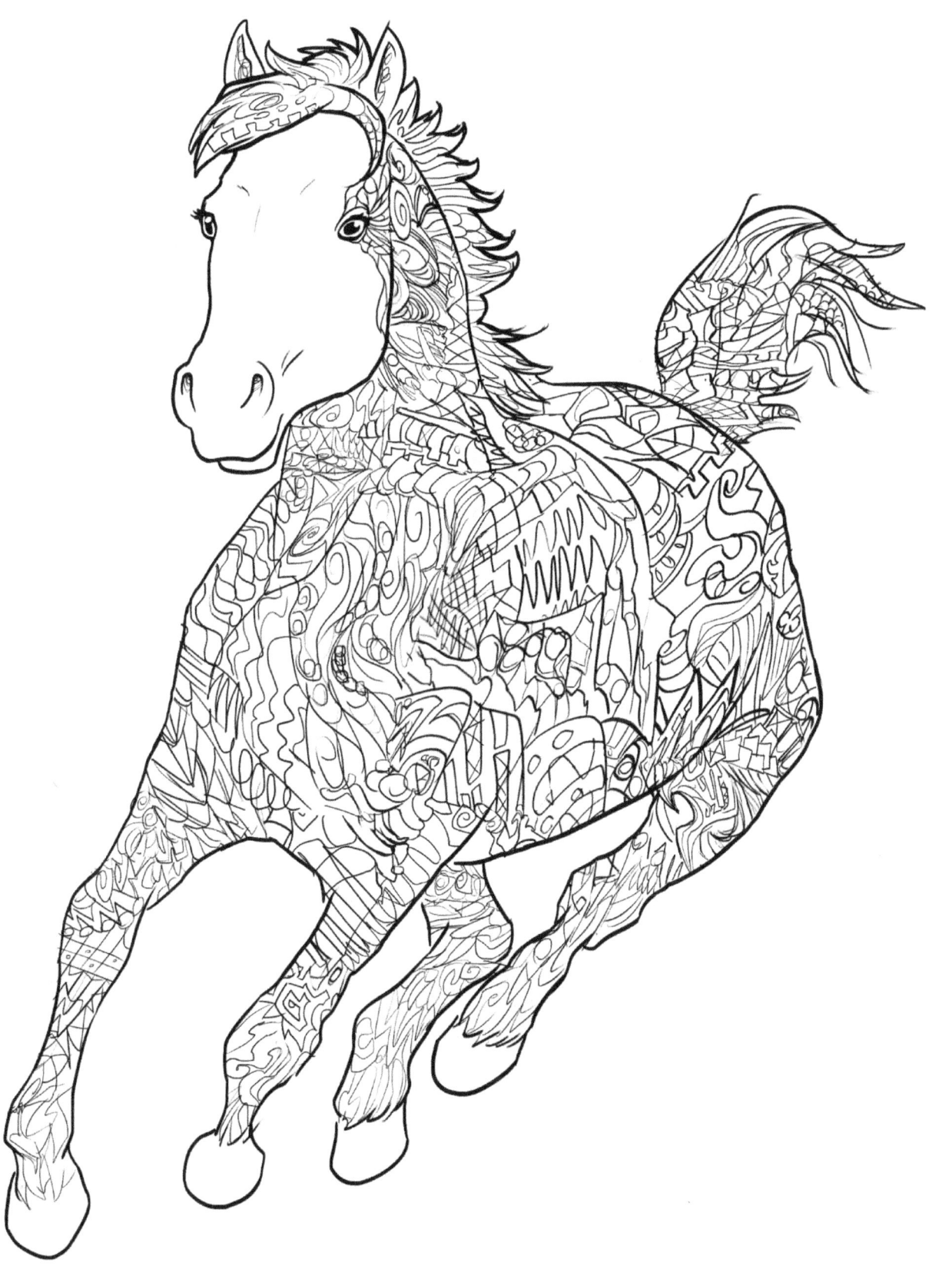

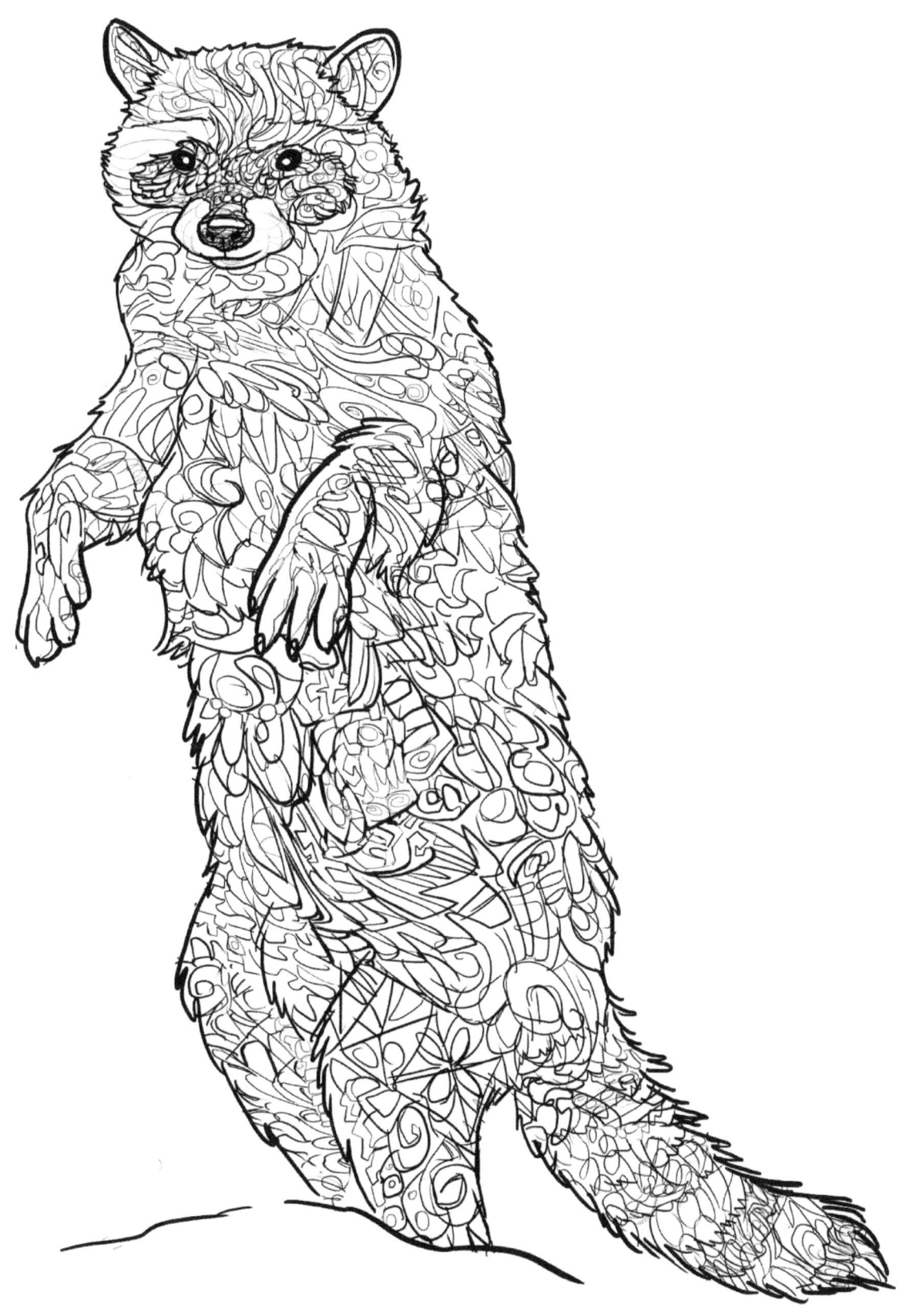

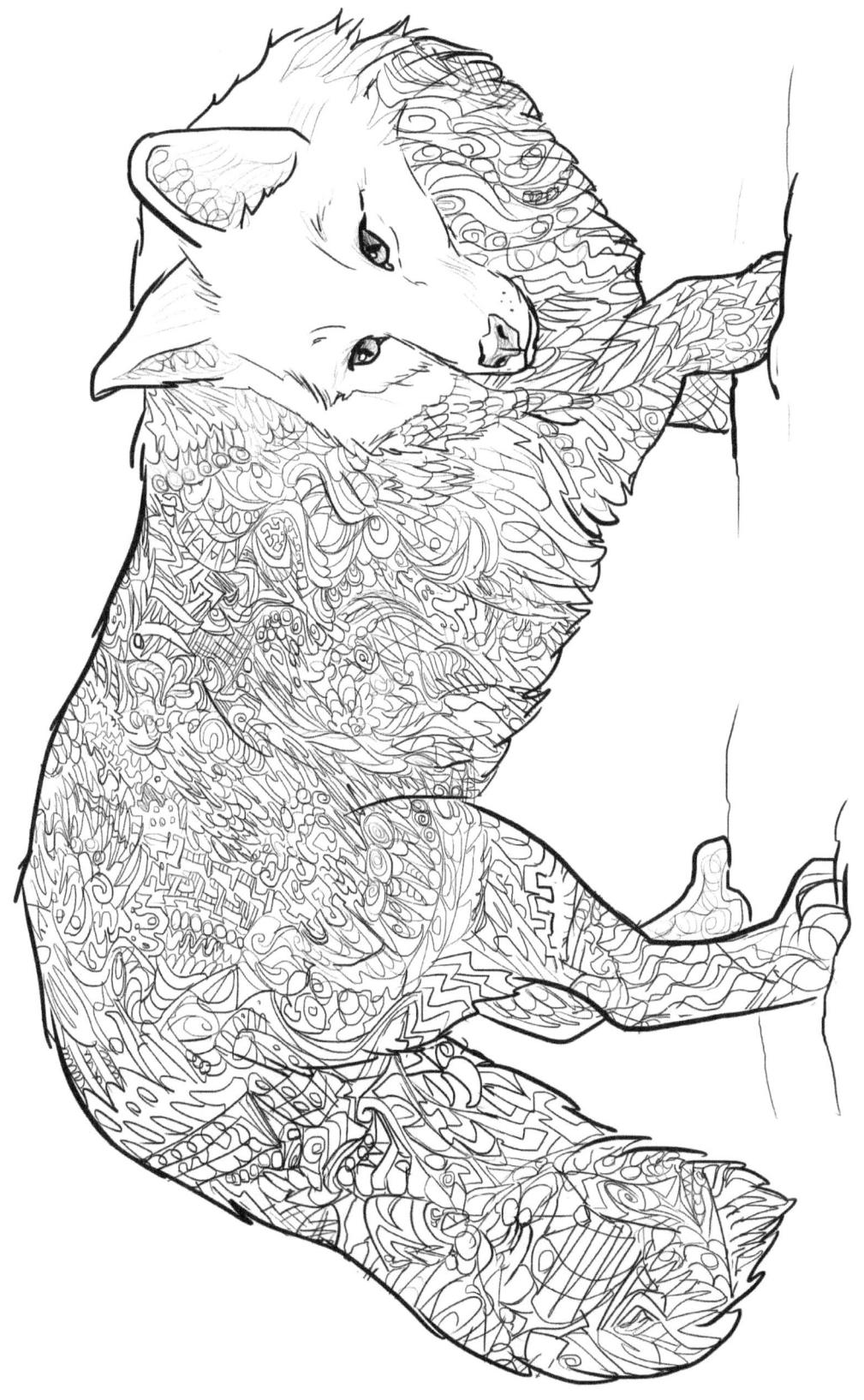

BONUS TEMPO PER L'IMMAGINE

Per garantire la soddisfazione dei nostri clienti non abbiamo evitato né spese né sforzi. Abbiamo fatto uno sforzo in più ed abbiamo compreso 6 bonus immagine, uno per ogni altro dei 6 nostri libri. Lo stile dei disegni è un po' diverso da quelli che forse hai già colorato in questo libro. Questo assicura varietà ed amplificherà la tua creatività ancora di più. Per maggiori informazioni sui nostri altri libri, si prega di vedere l'ultima pagina di questo libro. Ci auguriamo che ti piacciano e che ti diverta a colorarli.

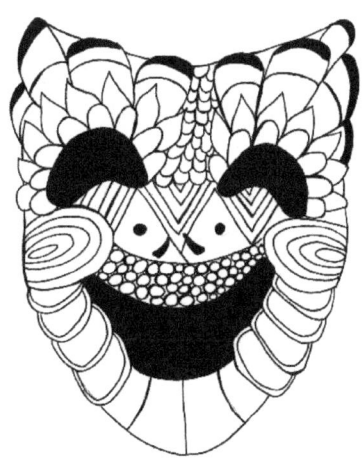

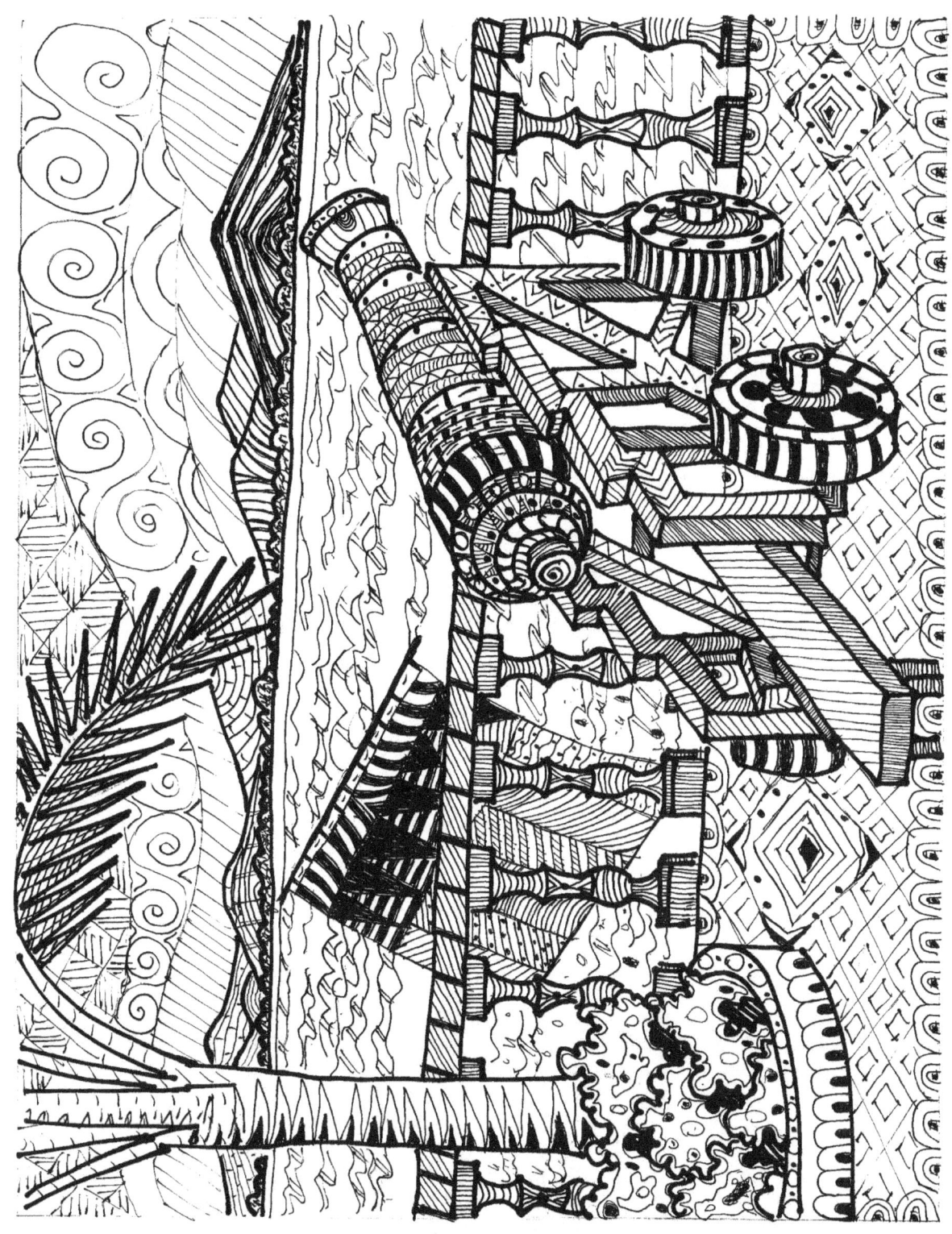

TERAPIA RELAX INCREDIBILE DALLE FILIPPINE – PERCORSI MAGICI SULLA VIA DELLA GUARIGIONE

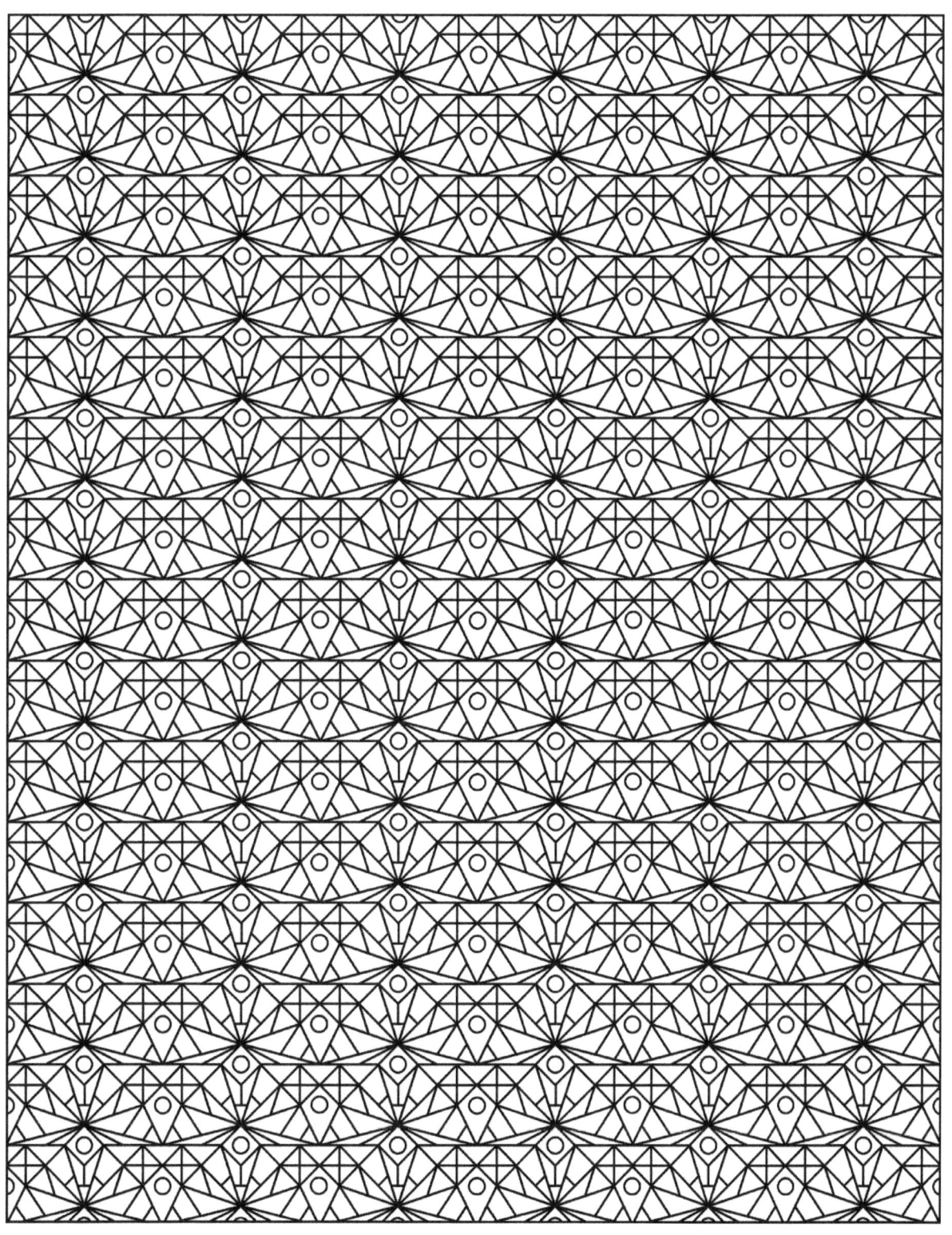

TASSELLATURE STUPENDE PER RILASSARSI E VINCERE LO STRESS – FIGURE GEOMETRICHE, FORME E DISEGNI ASTRATTI

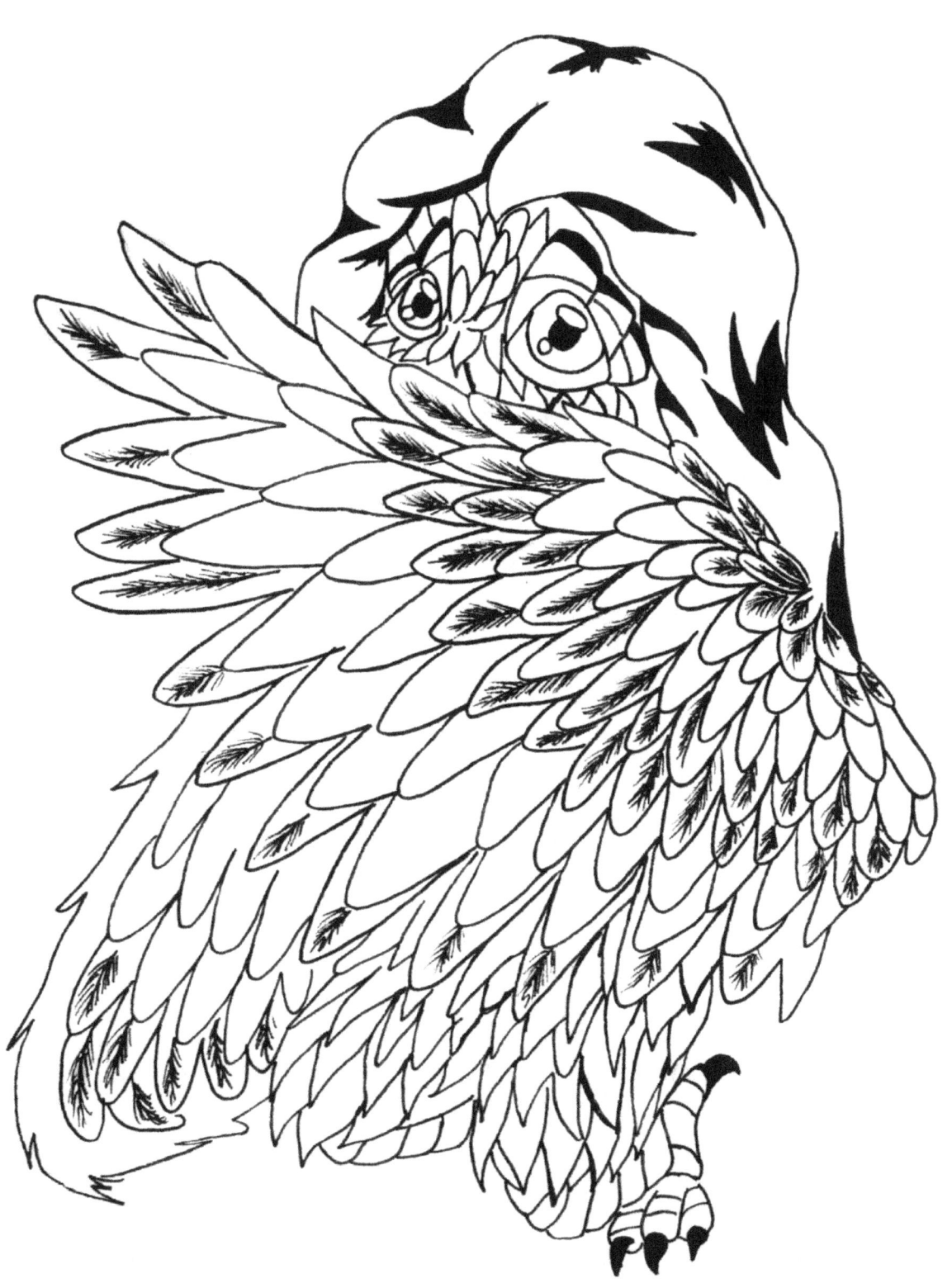

FIABE MAGICHE E CREATURE FANTASTICHE

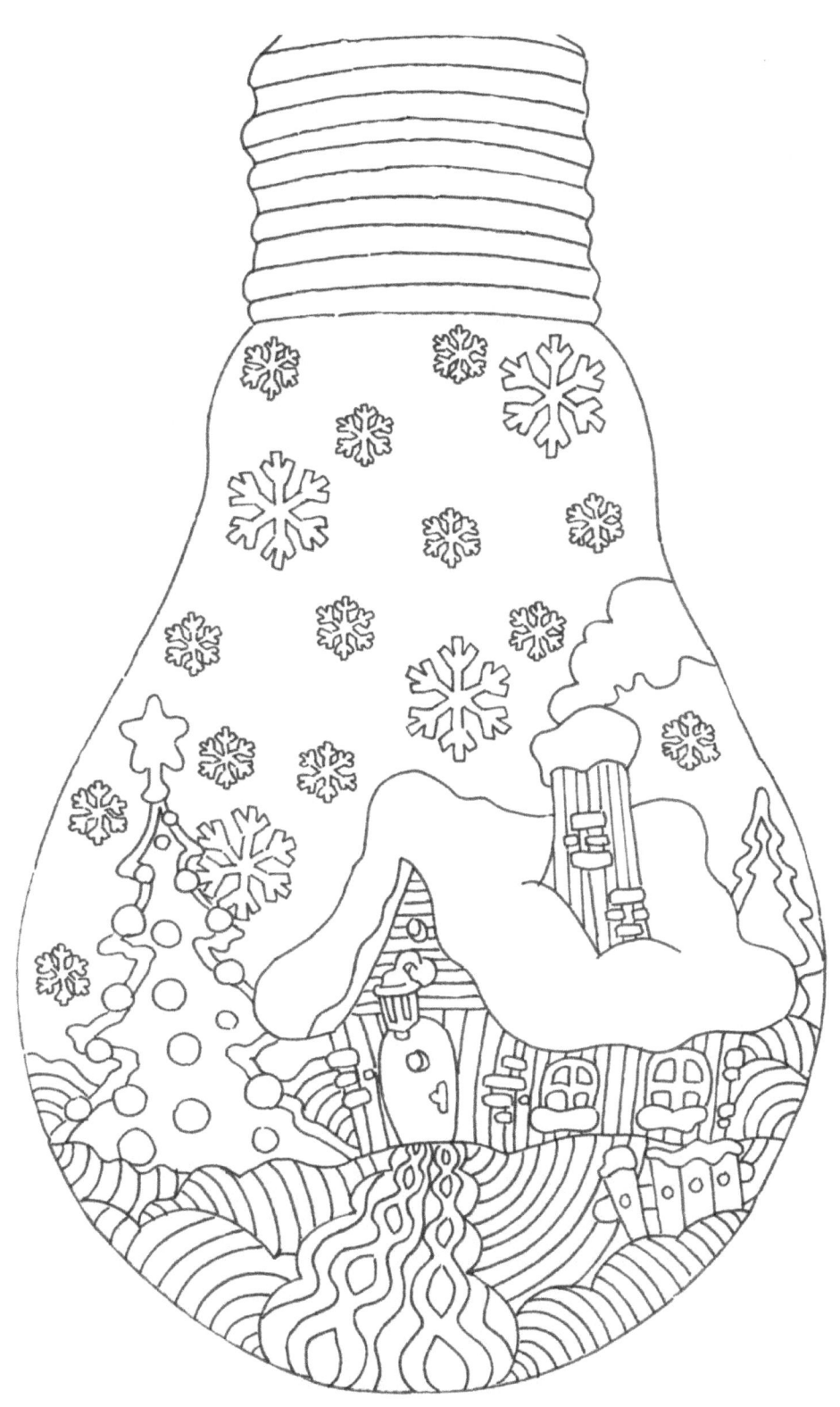

UN BUON NATALE DI MAGIE E FANTASIE INVERNALI

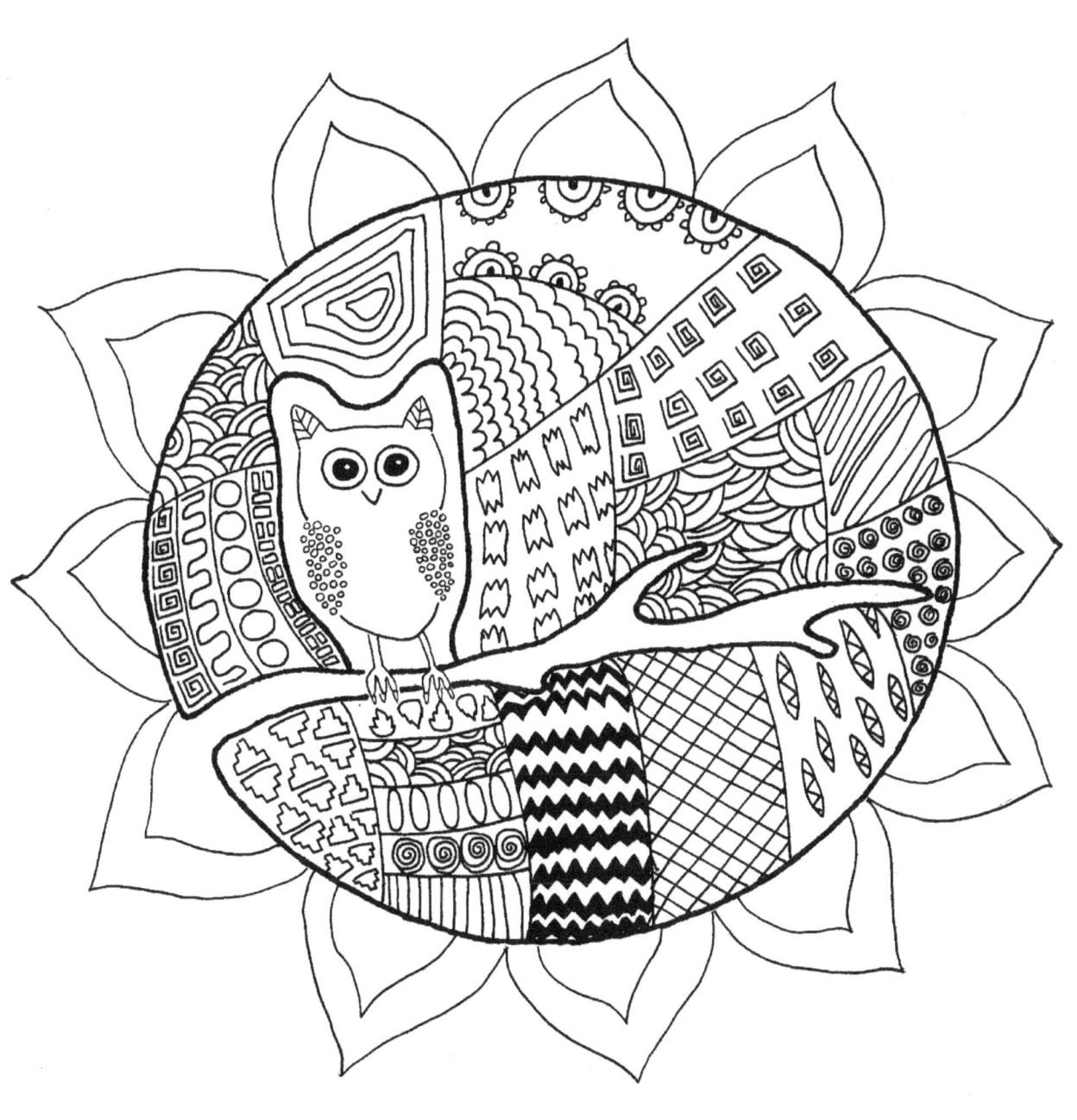

CALMA E RELAX – PER LA MEDITAZIONE, RITROVARE LA CALMA, VINCERE LO STRESS E RAGGIUNGERE LA GUARIGIONE

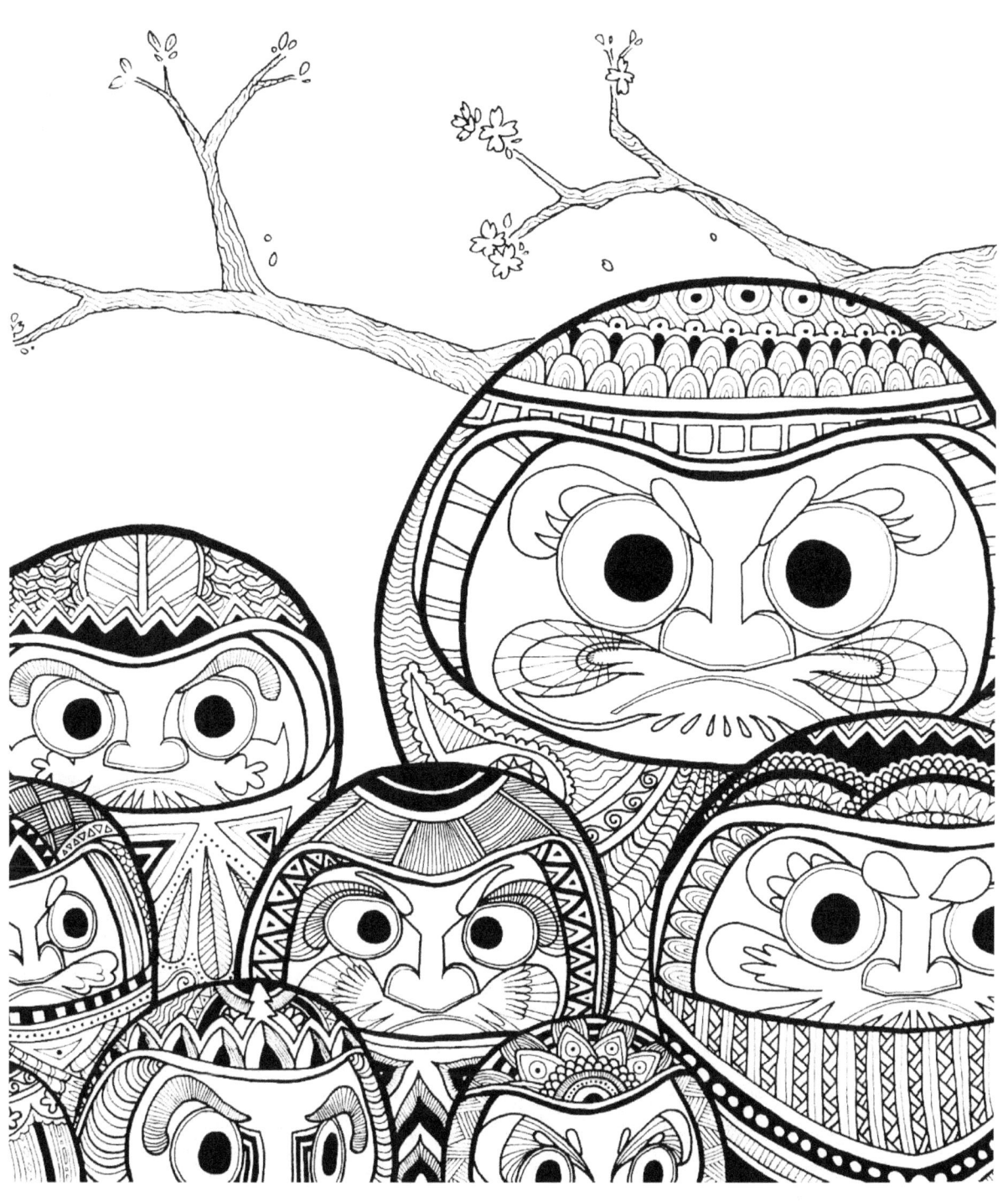

DRAGONI CINESI E MAGICI ESSERI PORTAFORTUNA

10 Consigli Bellissimi Suoni Rilassanti

La maggior parte delle persone ha una canzone o un artista che vuole ascoltare per rilassarsi. Tanta gente è convinta che la musica aiuti molto. Scienziati inglesi hanno però trovato la connessione tra teoria e dimostrazione scientifica.

1. Weightless – Secondo un recente studio condotto dall'Accademia Britannica la canzone "Weightless" rappresenta una delle colonne sonore più rilassanti che uno potrebbe ascoltare. Questa istituzione ha prodotto questa traccia insieme al trio musicale inglese Marconi Union mettendo insieme una serie di teorie scientifiche considerate possedere un effetto calmante per le persone.

Il direttore di ricerca della Mindlab International, Dr. David Lewis-Hodgson ha condotto questo studio. Inoltre ha concluso che questo studio mostra senza ombra di dubbio che questa canzone "porta al massimo rilassamento –paragonata a altri tipi di musica o altre canzoni –per essere precisi, afferma, "weightless si è rivelata davvero efficace, molte donne si sono sentite assonnate e quindi consiglio di non guidare mentre ascoltate questa canzone perché potrebbe davvero essere rischioso."

Questo studio, commmissionato dalla Rodox Spa ha dimostrato che quando questa canzone è suonata, il senso di ansia nelle persone è calato del 65%. La composizione, della durata di 8 minuti, contiene vari strumenti convenzionali come il pianoforte e la chitarra, inoltre sono presenti esempi di implementi naturali e tracce specifiche secondo principi della terapia del suono pensate appositamente per rilassare l'ascoltatore.

La canzone parte con 60 battiti al minuto, per poi scendere gradualmente fino ai 50. Questo condiziona il battito cardiaco ad adattarsi ai battiti della traccia. Non ci sono melodie ripetitive nella canzone. Questo è stato fatto per prevenire il cervello dell'ascoltatore dal cercare di prevedere la continuazione della melodia e permette quindi davvero di abbandonarsi ai suoni.

La fondatrice della Britisch Academy of Sound Therapy, Lyz Cooer ha spiegato al *Telegraph* che è molto certa del fatto che la Marconi Union ha realizzato quella che si è rivelata essere la canzone più rilassante al mondo.

2. Elektra - Prossima nell'ordine è questa canzone degli Airstream. Secondo la stessa ricerca questa sarebbe la seconda delle canzoni più rilassanti mai registrate, subito dopo Weightless. Comunque ci sono anche persone che la reputano addirittura più rilassante rispetto a quella della Marconi Union.

3. Mellomaniac - canzone di Dj Shah. Questa è considerata la terza canzone della categoria delle tracce più rilassanti. Quando l'ascoltate sarete in grado di captare l'emozione che si crea insieme alla composizione che vi aiuterà ad apprezzare davvero l'atmosfera che vi circonda. Amerete poi la transizione della canzone e come procede, cosa che vi regalerà un senso di calma ad ogni ascolto.

4. Watermark – La quarta nella nostra lista dei top 10 è intitolata Watermark, di Enya. La cantante irlandese Enya ha pubblicato la canzone nel 1988 nel Regno Unito, un anno dopo è passata negli Stati Uniti. Questa canzone è tra l'altro una prova fondamentale della musica new age, pur essendo un genere nel quale Enya stessa non si riconosce.

5. La quinta canzone è Strawberry Swing dei Coldplay, uscita nel settembre del 2009 e scritta dalla stessa band. I critici l'hanno accolta molto bene, lodandone la melodia contagiosa come anche l'interpretazione del cantante e per finire le influenze tribal presenti nella produzione.

6. Please Don't Go - Please Don't Go dei Barcelona arriva al sesto posto in classifica. La musica di questa canzone è stata descritta come complessa a livello di orchestrazione con inserti di canto elevato e di ampia portata che vi aiuterà sul serio a rilassarvi.

7. Pure Shores – La prossima è Pure Shores di All Saints. Una canzone dream pop che mischia ambient e elettronica. Il testo parla della ricerca di un posto di relax per scoprirlo e assicurarselo. A riscontrato un buon successo di critica per la produzione, il canto e il testo. I recensori ne hanno anche riconosciuto la capacità di portare rilassamento, ecco perché l'abbiamo inclusa nella nostra lista.

8. Someone like you – All'ottavo posto la canzone Someone like you della cantante britannica Adele. In essa si parla di una persona che vive una relazione a pezzi. La canzone è piaciuta anche ai critici. È una canzone calda che vi farà sentire molto rilassati mentre l'ascoltate.

9. We Can Fly – L'ultima della lista è We Can Fly, composta da Café del Mar. Gli strumenti della canzone faranno scomparire lo stress dopo una lunga giornata lavorativa ogni qualvolta l'ascoltiate.

10. Come ultimo consiglio, vi raccomandiamo di ascoltare i suoni della natura. Essa ha un effetto molto calmante sulla mente umana. L'acqua che scorre, il vento che soffia, gli uccelli che cantano… Molti aeroporti tengono questi suoni a basso volume come 'colonna sonora', a volte non riconosciuti consciamente ma subconsciamente, con lo scopo di ridurre il livello di stress dei passeggeri. Si consiglia di ascoltare suoni naturali per almeno 5 minuti al giorno.

ALTRE ILLUSTRAZIONI BONUS

A tutti gli iscritti alla nostra Newsletter regaliamo altri 10(!) Disegni Rilassanti Bonus GRATUITI. Sono bellissimi, rilassanti e con il Tuo aiuto diventeranno un vero capolavoro.

Ottienili qui:

http://relaxation4.me/bonus

(Inglese)

"Ti piace" Questo Libro?
Anche Ai Tuoi Amici Di
Facebook Piacerà

Fagli un favore:

Condividi su Facebook:
www.relaxation4.me/condividi

Feedback

Abbiamo Bisogno del Tuo Aiuto! Per favore prenditi qualche minuto per valutare questo libro su amazon. Ci aiuterà a continuare a produrre bellissimi libri per Te. Se ti è piaciuto questo libro, per favore lascia una recensione! :)

Amiamo tutti i nostri clienti e facciamo del nostro meglio per fornire il maggior valore possibile per la carta. Ci piacerebbe sentire le tue parole sull'appassionata via della costante ricerca della perfezione. Facci conoscere la Tua opinione e i Tuoi desideri.

info@relaxation4.me

Grazie :)

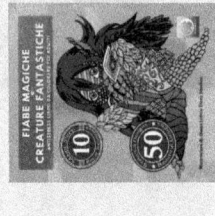
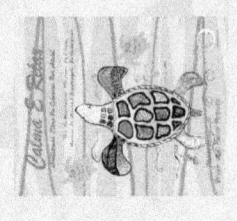
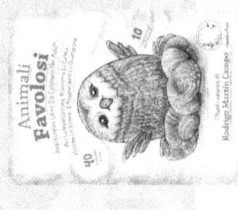

I Nostri Libri

Tutti i nostri libri includono 50 illustrazioni delle quali beneficerai durante qulache settimana di divertimento a colori. Oltre a questo troverai 10 consigli che arricchiranno la tua vita.

Scoprili su www.amazon.it oppure visita il nostro sito www.relaxation4.me

FIABE MAGICHE E CREATURE FANTASTICHE

Un libro da colorare magico, ricco di carinissime creature mitiche come fate, sirenette, demoni e mostri. Se hai mai sognato di vivere nel Paese delle Meraviglie di Alice, questo è il libro che fa per te.

Include: 10 Tecniche Magiche Per Dormire Meglio

CALMA E RELAX – PER LA MEDITAZIONE, RITROVARE LA CALMA, VINCERE LO STRESS E RAGGIUNGERE LA GUARIGIONE

La vita da bambini era sempre uno spasso. Potevi fare lo sciocco, parlare agli sconosciuti e semplicemente ridere di tutto. Con questo libro da colorare ritroverai il tuo spirito ingenuo.

Include: 10 Cibi Integratori Per Migliorare La Salute

ANIMALI FAVOLOSI – PER LA MEDITAZIONE, RITROVARE LA CALMA, VINCERE LO STRESS E RAGGIUNGERE LA GUARIGIONE

Le creature d'inverno più famose in tutto il mondo, tutte riunite in questo volume. Oltre alle tante altre, troverai una dolce civetta baby, una famiglia di pinguini e uno scoiattolo mangia-noci.

Include: 10 Consigli Per Colonne Sonore Rilassanti

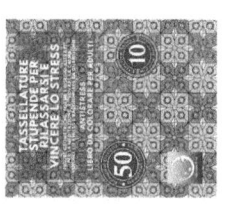
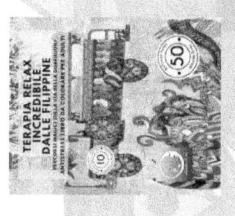

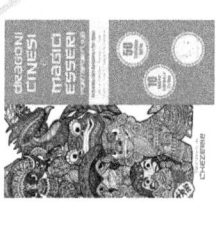
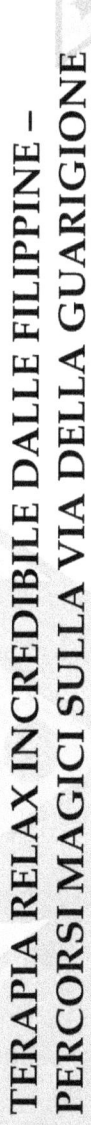
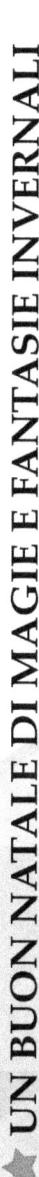

TASSELLATURE STUPENDE PER RILASSARSI E VINCERE LO STRESS – FIGURE GEOMETRICHE, FORME E DISEGNI ASTRATTI

Le figure geometriche non devono per forza essere associate alla lezione di matematica a scuola. In questo libro la parte sinistra del vostro cervello si sposerà con quella destra per unirsi in modo creativo.

Include: 10 Metodi Efficaci Per Ridurre Lo Stress

TERAPIA RELAX INCREDIBILE DALLE FILIPPINE – PERCORSI MAGICI SULLA VIA DELLA GUARIGIONE

Le Filippine sono un posto molto pittoresco. Vi troverai paesaggi e reperti culturali da colorare che ti faranno venire voglia di viaggiarle. Questo bellissimo libro da colorare è stato illustrato da persone disabili

Include: 10 Secreti Che Liberano Dallo Stress

UN BUON NATALE DI MAGIE E FANTASIE INVERNALI

Perché attendere la Vigilia per ricevere i regali da Babbo Natale se puoi farti un regalo tu oggi? Decorazioni, balocchi, uomini di neve e persino Babbo Natale. Tutto quello che è magico del Natale lo troverai in questo libro.

Include: 10 Simpatici Consigli Per Le Relazioni Amorose

DRAGONI CINESI E MAGICI ESSERI PORTAFORTUNA

Se pensi che colorare illustrazioni è un grande hobby perché rilassa la mente ed aumenta la tua creatività, hai totalmente ragione. Ma cosa succede se colorare le illustrazioni attira anche la fortuna per la tua vita? Con questo libro da colorare lo puoi provare. 50 illustrazioni impressionanti piene di fortuna. Sii l'architetto della tua fortuna.

Include: 10 Modi Per Attirare La Buona Sorte

Grazie Caro Lettore!